# A ENTREGA
# INCONDICIONAL

# MICHAEL A. SINGER

# A ENTREGA INCONDICIONAL

*Como aprendi a confiar no fluxo da vida*

SEXTANTE

Título original: *The Surrender Experiment*

Copyright © 2015 por Michael A. Singer
Copyright da tradução © 2022 por GMT Editores Ltda.

Esta edição foi publicada mediante acordo com Multnomah, um selo da Random House, uma divisão da Penguim Random House LLC.

The Surrender Experiment™ é uma marca registrada de Shanti Publications, Inc.

Todos os direitos reservados. Nenhuma parte deste livro pode ser utilizada ou reproduzida sob quaisquer meios existentes sem autorização por escrito dos editores.

*tradução:* Alves Calado
*preparo de originais:* Rafaella Lemos
*revisão:* Ana Grillo e Priscila Cerqueira
*diagramação:* Valéria Teixeira
*capa:* Jessica Morphew
*adaptação de capa:* Miriam Lerner/ Equatorium Design
*imagem de capa:* David M. Schrader/ Shutterstock
*impressão e acabamento:* Associação Religiosa Imprensa da Fé

CIP-BRASIL. CATALOGAÇÃO NA PUBLICAÇÃO
SINDICATO NACIONAL DOS EDITORES DE LIVROS, RJ

S624e

Singer, Michael A.
  A entrega incondicional / Michael A. Singer ; tradução Alves Calado. - 1. ed. - Rio de Janeiro : Sextante, 2022.
  272 p. ; 21 cm.

Tradução de: The surrender experiment
ISBN 978-65-5564-503-3

1. Espiritualidade. 2. Solidão - Aspectos religiosos. 3. Autoaceitação. 4. Vontade - Aspectos religiosos. I. Calado, Alves. II. Título.

22-79951      CDD: 204
               CDU: 2-584

Meri Gleice Rodrigues de Souza - Bibliotecária - CRB-7/6439

Todos os direitos reservados, no Brasil, por
GMT Editores Ltda.
Rua Voluntários da Pátria, 45 – Gr. 1.404 – Botafogo
22270-000 – Rio de Janeiro – RJ
Tel.: (21) 2538-4100 – Fax: (21) 2286-9244
E-mail: atendimento@sextante.com.br
www.sextante.com.br

*Aos mestres*

# Sumário

PARTE I  Despertando — 11

  A premissa — 12
  1 Não com um grito, mas com um sussurro — 17
  2 Começando a me conhecer — 22
  3 Os pilares do zen — 25
  4 Silêncio absoluto — 28
  5 Da paz absoluta à agitação absoluta — 33
  6 Ao sul da fronteira — 38
  7 Desativando o botão do pânico — 41
  8 Inspiração inesperada — 46
  9 A terra prometida — 50
  10 Construindo uma cabana sagrada — 53
  11 Ide a um mosteiro — 57
  12 Quando o discípulo está pronto, o mestre aparece — 60

PARTE II  O grande experimento tem início — 65

  13 O experimento de uma vida inteira — 66
  14 A vida assume o comando — 69
  15 O príncipe e o mendigo — 72
  16 Seguindo o invisível até o desconhecido — 76
  17 Minha primeira entrevista de emprego — 79
  18 Soltando a corda — 84
  19 Aceitação, aceitação e mais aceitação — 88
  20 A coisa mais importante que já me pediram para fazer — 94

PARTE III   Da solidão ao serviço                           97

   21  O chamado de um mestre vivo                   98
   22  Shaktipat                                      103
   23  Gainesville recebe um guru                     107
   24  O templo é construído                          110
   25  Abrindo o chacra do coração                    114
   26  Ide a um ashram                                118

PARTE IV   O negócio da entrega                            121

   27  Nasce uma empresa                              122
   28  O mestre de obras                              125
   29  Banco comunitário                              130
   30  A expansão contínua do Templo do Universo      134
   31  A metamorfose de uma criatura                  137

PARTE V   O nascimento de algo inestimável                 143

   32  Do eu pessoal ao computador pessoal            144
   33  O nascimento do Medical Manager                150
   34  Os primeiros programadores                     155
   35  Preparando o lançamento                        159

PARTE VI   As forças do crescimento natural                163

   36  As bases de uma empresa de sucesso             164
   37  O setor bate à nossa porta                     169
   38  O Templo continua crescendo                    174

PARTE VII   Quando nuvens escuras se
transformam em arco-íris                              181

   39  Um toque de magia                              182
   40  O assustador mensageiro da mudança              187
   41  A criação do alicerce para o futuro             194
   42  Enquanto isso...                                198

PARTE VIII   Abraçando a expansão explosiva           201

   43  O Medical Manager ganha asas                    202
   44  Medical Manager Corporation – MMGR              205
   45  Tornando-me CEO                                 208
   46  A internet e o serviço de saúde                 211
   47  Fusão – mas não com o universo                  216
   48  Construindo Roma em um dia                      219
   49  Dando um pulo em Washington                     226

PARTE IX   Entrega incondicional                      231

   50  A batida policial                               232
   51  Advogados, advogados e mais advogados           238
   52  Estados Unidos da América versus
       Michael A. Singer                               243
   53  Preparando uma defesa                           249
   54  A Constituição e a Declaração dos Direitos      255
   55  Intervenção divina                              260
   56  De volta ao começo                              268

Agradecimentos                                        271

# PARTE I

# Despertando

# A premissa

*Estar sentado sozinho num jato particular de seis lugares, a 40 mil pés, é muito tranquilo. Entrei em meditação e minha mente ficou muito calma. Quando abri os olhos, assimilei a tremenda diferença no ambiente, em comparação com quando me mudei para a floresta pela primeira vez para ficar sozinho e meditar. Apesar de ainda viver na mesma floresta, meu lugar de solitude havia crescido até se tornar uma próspera comunidade de yoga, e eu tinha me tornado o CEO da empresa de capital aberto que, de algum modo, a vida havia manifestado magicamente ao meu redor. Agora estava perfeitamente claro que todas essas experiências de vida, inclusive a de administrar uma empresa nesse nível, estavam contribuindo tanto para a minha liberdade espiritual quanto meus anos de meditação solitária. Assim como Hércules usou a correnteza dos rios para limpar as cavalariças de Áugias, a poderosa correnteza da vida estava limpando tudo que restava de mim. Eu simplesmente continuava abrindo mão e praticando a não resistência, quer gostasse do que estava acontecendo ou não. Era com esse estado de espírito que eu viajava para o Texas com o objetivo de discutir a oferta de uma fusão de 1 bilhão de dólares para a minha empresa, feita por um poderoso CEO com quem eu ainda nem havia me encontrado.*

*Minhas reflexões, maio de 1999*

Raramente a vida se desenrola do jeito que desejamos. E, se paramos para pensar a respeito, isso faz todo o sentido. O escopo da vida é universal, e o fato de não estarmos no controle dos acontecimentos deveria ser evidente por si só. O universo está aí há 13,8 bilhões de anos, e os processos que determinam o fluxo da vida ao nosso redor não começaram quando nascemos nem terminarão quando morrermos. Na verdade, o que se manifesta diante de nós em qualquer dado momento é algo extraordinário – é o resultado final de todas as forças que interagiram ao longo de bilhões de anos. Não somos responsáveis nem mesmo pela mais insignificante fração do que acontece à nossa volta. E ainda assim andamos por aí constantemente tentando controlar e determinar o que acontecerá na nossa vida. Não é de espantar que haja tanta tensão, ansiedade e medo. Cada um de nós realmente acredita que as coisas deveriam ser do jeito que queremos – e não o resultado natural de todas as forças da criação.

Diariamente, damos mais relevância aos pensamentos da nossa mente do que à realidade que se desenrola diante de nós. Dizemos coisas como: "É melhor não chover hoje, porque vou acampar" ou "É melhor eu conseguir aquele aumento, porque preciso muito do dinheiro". Perceba que essas afirmações audaciosas sobre o que deveria ou não acontecer não se baseiam em evidências científicas; baseiam-se unicamente em preferências pessoais inventadas na nossa mente. Sem perceber, fazemos isso com tudo na nossa vida. É como se realmente acreditássemos que o mundo ao nosso redor deveria se manifestar de acordo com nossos gostos e aversões. E, quando isso não acontece, é porque alguma coisa está muito errada. Esse é um jeito dificílimo de viver, e é por isso que temos a sensação de estar sempre lutando com a vida.

Apesar disso, também é verdade que não somos impotentes diante dos acontecimentos que se desenrolam à nossa volta.

Recebemos a dádiva da força de vontade. Bem lá no fundo, podemos determinar como gostaríamos que as coisas fossem, e aplicar a força da mente, do coração e do corpo numa tentativa de fazer o mundo lá fora se conformar ao que queremos. Mas isso nos coloca numa batalha constante entre a nossa vontade e a maneira como as coisas seriam sem nossa intervenção. Essa batalha entre o indivíduo e a realidade da vida que se desenrola ao nosso redor termina por consumir nossa existência. Quando vencemos a batalha, ficamos felizes e relaxados; do contrário, ficamos perturbados e estressados. Como a maioria das pessoas só se sente bem quando as coisas acontecem como elas querem, passamos a vida tentando controlar tudo.

A questão é: será que precisa ser assim? Existem muitas provas de que a vida se vira muito bem por conta própria. Os planetas permanecem em órbita, sementes minúsculas crescem e viram árvores gigantescas, os padrões climáticos mantiveram vivas as florestas ao redor do globo durante milhões de anos, e uma única célula fertilizada se multiplica até virar um lindo bebê. Não fazemos nenhuma dessas coisas como atos conscientes da vontade – é a perfeição incompreensível da própria vida que faz tudo isso. Todos esses acontecimentos incríveis – e incontáveis outros – são determinados por forças que estão por aí há bilhões de anos, as mesmas contra as quais nossa vontade luta conscientemente todos os dias. Se o desdobramento natural do processo da vida é capaz de criar todo o universo e cuidar dele, será que realmente é razoável presumirmos que nada de bom acontecerá se não for à força? Este livro se dedica à exploração dessa intrigante pergunta.

Como pode haver uma pergunta mais importante? Se a vida é capaz de manifestar a molécula de DNA por conta própria, isso sem falar na criação do cérebro humano, por que achamos que precisamos controlar tudo sozinhos? Deve haver outro modo mais saudável de lidar com a vida. Por exemplo, o que aconteceria se respeitássemos o fluxo e usássemos o livre-arbítrio não para lutar contra, mas para participar do que está se desenrolando? Qual seria a qualidade da vida que se desenrola? Seriam apenas acontecimentos aleatórios sem ordem nem significado, ou a mesma perfeição de ordem e significado que encontramos no restante do universo também se manifestaria na vida cotidiana ao nosso redor?

O que temos aqui é a base para um experimento incrível. E no centro dessa experiência há uma pergunta simples: é melhor inventar uma realidade alternativa na minha mente e depois lutar contra a realidade para fazer com que as coisas sejam do meu jeito ou é melhor abrir mão do que eu desejo e servir às mesmas forças da realidade que conseguiram criar toda a perfeição do universo ao meu redor? Esse experimento não significaria desistir da vida. Na verdade, seria mais como saltar para dentro da vida e passar a viver num lugar onde não somos mais controlados por nossos medos e desejos. Por falta de um nome melhor, chamei isso de "o experimento de entrega incondicional" e, do melhor jeito que pude, dediquei os últimos quarenta anos a ver para onde o fluxo de acontecimentos da vida me levaria naturalmente. O que aconteceu ao longo dessas quatro décadas é nada mais, nada menos que fenomenal. As coisas não apenas não desmoronaram, pelo contrário. À medida que um evento naturalmente levou a outro, o fluxo dos acontecimentos da vida me conduziu numa jornada que estaria além da minha compreensão. Este livro compartilha com você tudo que vivi, de modo que possa vivenciar o que aconteceu quando alguém ousou abrir mão e confiar no fluxo da vida.

Mas que fique bem claro logo de início: esse tipo de entrega não significa levar a vida sem a afirmação da vontade. Minha história desses quarenta anos é simplesmente a história do que aconteceu quando a afirmação da vontade foi guiada pelo que a vida estava fazendo, e não pelo que eu queria que ela fizesse. Minha experiência pessoal mostra que alinhar nossa vontade com as forças naturais que se desenrolam ao nosso redor leva a alguns resultados surpreendentemente poderosos.

O único modo eficaz de compartilhar os achados desse grande experimento é permitir que você veja como fui levado a viver desse jeito e deixar que vivencie essa jornada comigo. Você está prestes a encontrar um conjunto de experiências de vida que devem ser muito diferentes das suas. Compartilho isso apenas porque, como somos seres humanos, temos a extraordinária capacidade de aprender com as experiências dos outros. Você não precisa viver o que eu vivi para ser afetado pelo que aconteceu comigo. Os acontecimentos inesperados que se desdobraram ao meu redor mudaram não apenas minha vida: eles mudaram toda a minha visão da vida e me trouxeram um sentimento de profunda paz interior. Espero que compartilhar meu experimento de entrega encoraje você a encontrar um modo mais tranquilo e harmonioso de levar a vida e a apreciar melhor a perfeição incrível que se apresenta à nossa volta.

# 1
# Não com um grito, mas com um sussurro

Meu nome de batismo é Michael Alan Singer. Desde que me lembro, todo mundo sempre me chamou de Mickey. Nasci em 6 de maio de 1947 e levei uma vida bem comum até o inverno de 1970. Então aconteceu uma coisa muito profunda que mudou para sempre a direção da minha vida.

Os acontecimentos que mudam a nossa história podem ser muito dramáticos e, por sua própria natureza, desestabilizadores. Todo o seu ser está indo física, emocional e mentalmente em uma direção, e essa direção traz consigo todo o ímpeto do passado e todos os sonhos do futuro. E de repente vem um grande terremoto, uma doença terrível ou um encontro casual que deixa você totalmente sem chão. Se o acontecimento for poderoso o suficiente para mudar o foco do seu coração e da sua mente, o restante da sua vida mudará em seu devido tempo. Depois de um evento realmente transformador, você não é a mesma pessoa que era antes. Seus interesses mudam, seus objetivos mudam. Na verdade, o propósito subjacente da sua vida muda. Em geral é necessário um acontecimento muito poderoso para virar sua cabeça a ponto de você jamais olhar para trás.

Mas nem sempre.

No inverno de 1970 não foi algo assim que aconteceu comigo. O que aconteceu foi tão sutil, tão leve, que facilmente poderia ter passado despercebido. Não com um grito, mas com um sussurro, minha vida foi lançada no tumulto e na transformação absolutos.

Faz mais de quarenta anos desde aquele momento que mudou minha vida, mas lembro como se fosse ontem.

Eu estava sentado no sofá da sala da minha casa em Gainesville, Flórida. Tinha 22 anos e estava casado com uma linda alma chamada Shelly. Ambos éramos estudantes na Universidade da Flórida, onde eu fazia pós-graduação em economia. Era um aluno muito perspicaz e estava sendo preparado pelo chefe do departamento de economia para me tornar professor universitário. Shelly tinha um irmão, Ronnie, um advogado muito bem-sucedido de Chicago. Ronnie e eu nos tornamos muito amigos, apesar de sermos de mundos totalmente diferentes. Ele era um poderoso advogado de cidade grande, impelido pela riqueza, e eu era um intelectual universitário hippie criado nos anos 1960. Vale a pena mencionar que eu era uma pessoa extremamente analítica naquela época. Jamais havia feito uma disciplina sequer de filosofia, psicologia ou religião na faculdade. Minhas matérias eletivas eram lógica simbólica, cálculo avançado e teoria estatística. Isso torna o que me aconteceu mais espantoso ainda.

Ronnie vinha nos visitar de vez em quando e frequentemente passávamos um tempo juntos. Por acaso ele estava sentado no sofá comigo naquele fatídico dia de 1970. Não me lembro exatamente do que falávamos, mas nossa conversa despreocupada minguou e fez-se uma pausa. Percebi que estava desconfortável com o silêncio e me peguei pensando no que dizer a seguir. Eu já estivera em situações semelhantes muitas vezes, mas havia algo muito diferente nessa experiência. Em vez de simplesmente me sentir desconfortável e tentar encontrar o que dizer, eu *notei* que estava desconfortável, tentando encontrar alguma coisa para dizer. Pela primeira vez na vida minha mente e minhas emoções eram algo que eu estava observando, não *sendo*.

Sei que é difícil colocar isso em palavras, mas houve uma completa sensação de separação entre minha mente ansiosa, que jorrava possíveis tópicos de conversa, e eu, a pessoa que simplesmente tinha consciência de que sua mente estava fazendo aquilo. Era como se de repente eu fosse capaz de permanecer acima da minha mente e observar em silêncio os pensamentos sendo criados. Acredite ou não, essa mudança súbita na base da minha consciência se transformou num furacão que reorganizou toda a minha vida.

Por alguns instantes, fiquei apenas ali, me observando internamente na tentativa de "resolver" aquele incômodo. Mas eu não era aquele que estava tentando resolver a situação. Eu era aquele que observava em silêncio a atividade da minha mente. A princípio havia apenas alguns graus de separação entre mim e o que eu estava observando. Mas, a cada segundo, essa separação parecia aumentar mais. E eu não estava fazendo nada para provocar essa mudança. Estava apenas ali percebendo que meu *eu* não incluía mais os padrões de pensamentos neuróticos que passavam diante de mim.

Todo esse processo de "tomada de consciência" foi praticamente instantâneo. Foi como olhar um daqueles pôsteres que têm uma imagem escondida. A princípio parece ser apenas um círculo com padrões lineares. Então, de repente, você vê toda uma imagem em 3D emergindo do que originalmente parecia puro caos. No instante em que você a enxerga, não consegue mais imaginar como não a tinha visto antes. Ela estava bem ali! Assim foi a mudança que aconteceu dentro de mim. Foi óbvio demais – ali estava eu, observando meus pensamentos e minhas emoções. Eu sempre estivera ali, observando, mas estava distraído demais para perceber. Era como se eu estivesse tão envolvido nos detalhes de cada pensamento e emoção que jamais os enxergara apenas como o que eram.

Em questão de segundos, o que antes parecia uma série de tópicos importantes para romper aquele silêncio desconfortável era agora uma voz neurótica falando dentro da minha cabeça. Observei enquanto aquela voz pensava no que dizer:

*O tempo está fantástico, não é?*
*Ficou sabendo o que o Nixon fez no outro dia?*
*Quer comer alguma coisa?*

Quando finalmente abri a boca para dizer algo, o que saiu foi:

"Você já notou que existe uma voz falando dentro da sua cabeça?"

Ronnie me olhou de um jeito meio estranho, e então uma centelha se acendeu em seus olhos. "Já! Sei bem do que você está falando. A minha nunca cala a boca!"
Lembro claramente de fazer uma piada sobre isso, perguntando como seria se ele escutasse a voz de outra pessoa falando dentro da própria cabeça. Nós demos risada e a vida continuou.
Mas a *minha* vida, não. Minha vida não "continuou" simplesmente. Na minha vida, as coisas nunca mais seriam como antes. Eu não precisava tentar manter essa consciência. Agora era quem eu era. Eu era o ser que observava o fluxo incessante de pensamentos passando pela mente. Estabelecido naquela mesma base da consciência, eu via o fluxo das emoções que passavam pelo meu coração em constante mudança. Quando tomava banho, ouvia o que aquela voz tinha a dizer enquanto eu deveria estar lavando o corpo. Se estivesse falando com alguém, observava enquanto ela pensava no que dizer em seguida – em vez de escutar o que a outra pessoa dizia. Se ia para a aula, observava minha mente fazendo o jogo de tentar pensar um passo à frente do professor para ver se conseguia adivinhar a próxima frase. Não preciso dizer que não demorou muito para essa voz recém-encontrada dentro da minha cabeça começar a me irritar de verdade. Era como estar sentado no cinema com alguém que nunca, jamais para de falar.
Enquanto eu observava essa voz, algo profundo dentro de mim só queria que ela calasse a boca. Como seria se ela parasse

de falar? Comecei a ansiar pelo silêncio interior. Poucos dias depois daquela primeira experiência, os padrões da minha vida começaram a mudar. Quando amigos vinham me visitar, eu não aproveitava mais a situação. Queria aquietar a minha mente, e as atividades sociais não ajudavam. Comecei a pedir licença e sair para a floresta perto da nossa casa. Ficava sentado no chão, em meio às árvores, mandando aquela voz se calar. Claro que não funcionava. Nada parecia funcionar. Descobri que até conseguia mudar o assunto, mas não conseguia fazer com que ela se aquietasse por um momento sequer. Meu anseio por um silêncio interior se tornou uma paixão. Eu sabia como era observar a voz. O que não sabia era como seria se a voz se calasse totalmente. E o que jamais poderia ter imaginado era a jornada em que eu estava prestes a embarcar e que mudaria a minha vida.

## 2

# Começando a me conhecer

Desde pequeno, sempre adorei descobrir como as coisas funcionavam. Então foi inevitável que minha mente analítica ficasse fascinada tentando entender meu relacionamento com a voz dentro da minha cabeça. Mas, antes que pudesse aproveitar esse fascínio intelectual, eu precisava superar o fato de que a mente pessoal estava me levando à loucura. Toda vez que eu via alguma coisa, a voz fazia algum comentário: *Gosto disso, não gosto daquilo, não me sinto confortável com isso, isso me lembra tal coisa...* Quanto mais eu me acostumava a observar tudo, algumas perguntas foram surgindo naturalmente. Primeiro: por que essa voz fica falando o tempo todo? Se eu vejo alguma coisa, na mesma hora tenho consciência do que estou vendo. Por que a voz precisa me dizer o que estou vendo e como me sinto a respeito?

> *Ali vem a Mary. Não estou com vontade de falar com ela hoje. Espero que ela não me veja.*

Eu já sei o que vejo e o que sinto. Afinal de contas, sou eu que estou aqui, vendo e sentindo. Por que tudo isso precisa ser vocalizado na minha mente?

Outra pergunta que surgiu foi: quem é esse eu que percebe toda a atividade mental? Quem é esse eu capaz de simplesmente observar os pensamentos surgindo, com um distanciamento completo?

Agora eu tinha duas fortes motivações que haviam despertado

dentro de mim com relação a essa voz recém-encontrada na minha cabeça. Uma era o desejo de calá-la, e a outra era o puro fascínio e o anseio por entender o que aquela voz era e de onde vinha.

Já mencionei que antes desse despertar interior minha vida era bastante comum. Só digo isso em comparação com o que ela se tornou. Eu me tornei um ser humano muito motivado. Queria saber sobre a voz que tinha descoberto e queria saber quem eu era – quem era aquele dentro de mim que experimentava tudo isso. Comecei a passar horas na biblioteca da pós-graduação. Não na seção de economia, mas na de psicologia. Era impossível que outras pessoas não tivessem percebido aquela voz falando dentro delas. Era algo que estava tão na cara que não dava para deixar de perceber. Li umas coisas de Freud, tentando encontrar as respostas para minhas perguntas. Li um livro após o outro, mas não encontrei nenhuma referência direta à voz que falava dentro de mim – e muito menos àquele que tem consciência de que essa voz está falando.

Naqueles dias eu falava sobre a voz com qualquer um que estivesse disposto a ouvir. Deviam achar que eu estava maluco. Lembro-me de um encontro com meu professor de espanhol, um homem muito culto e reservado. Encontrei-o um dia entre duas aulas e falei entusiasmado que tinha entendido o que significava ser fluente em uma língua. Expliquei que dentro da nossa cabeça existia uma voz que falava sobre praticamente tudo – as coisas das quais você gosta e não gosta, o que você deveria estar fazendo neste momento e o que fez errado no passado. Se aquela voz interior fosse capaz de falar em espanhol e você entendesse imediatamente o que ela estava dizendo, você era fluente em espanhol. Mas, se as palavras em espanhol não fizessem sentido até você ter o trabalho mental de traduzi-las para que a voz as repetisse em inglês, você não era fluente em espanhol. Fazia todo o sentido – para mim. Eu disse a ele que, se estivesse estudando línguas, faria a tese de doutorado a partir dessa premissa. Nem preciso dizer que meu professor de espanhol me olhou de um jeito muito estranho, disse algo muito educado e seguiu com a própria vida.

Não me importei com o que ele pensava. Eu estava numa exploração, numa jornada de aprendizado que ia além de qualquer coisa que eu tivesse imaginado. Todo dia eu aprendia muito sobre mim mesmo. Não conseguia acreditar na quantidade de inibição e medo que aquela voz expressava. Era óbvio demais que a pessoa que eu observava dentro de mim se importava muito com o que os outros pensavam dela. Sobretudo os mais próximos. A voz me dizia o que dizer e o que não dizer. E reclamava incessantemente quando algo não saía do jeito que ela desejava. Uma conversa com um amigo que terminasse com o menor desacordo ou desentendimento continuava acontecendo dentro da minha cabeça. Eu observava a voz desejando, imaginando como a interação poderia ter acabado num tom diferente. Dava para ver que havia muito medo da rejeição e da não aceitação naquele diálogo mental. Às vezes era esmagador, mas eu nunca perdia a perspectiva daquele que observava uma voz falando dentro de mim. Era óbvio que não era eu. Era algo que eu estava observando.

Imagine que você acordasse um dia com uma cacofonia de ruídos ao seu redor. Você iria querer que aquilo parasse, mas não teria ideia de como fazer isso. Esse era o efeito que a voz provocava em mim. Mas uma coisa estava totalmente clara: a voz sempre havia falado. Só que eu estava tão perdido nela que jamais a havia notado como algo separado de mim. Era como um peixe que não soubesse que estava na água até sair dela. Basta um salto no ar e o peixe percebe instantaneamente: "Tem água ali embaixo, e é onde eu sempre estive. Mas agora vejo que dá para sair dela."

Eu não gostava da voz mental que falava o tempo todo. Era apenas um ruído irritante que eu queria muito que parasse. Mas não parava. Por enquanto eu estava preso com ela. Mas, na verdade, eu ainda não tinha começado a lutar.

# 3

# Os pilares do zen

Passaram-se meses e eu continuava fazendo minha exploração interior por conta própria. Mal sabia que a ajuda estava para chegar inesperadamente.

No programa de doutorado, tinha um colega de turma chamado Mark Waldman. Era um rapaz inteligente e leitor ávido de uma enorme gama de assuntos. Como todo mundo, tinha me ouvido falar sobre meu interesse por aquela voz. Um dia ele me trouxe um livro que achava que pudesse ajudar. O título era *Os três pilares do zen*, de Philip Kapleau.

Eu não sabia absolutamente nada sobre zen-budismo. Era um intelectual que nunca pensava em assuntos religiosos. Fui criado como judeu, mas não muito. Na época em que fui para a faculdade, a religião já não tinha nenhum papel na minha vida. Se você perguntasse se eu era ateu, eu provavelmente lhe responderia com um olhar vazio de perplexidade. Eu nunca havia nem mesmo pensado nisso.

Comecei a folhear o livro sobre zen e em poucos minutos ficou evidente: ele era sobre aquela voz. Meu coração praticamente parou. Senti dificuldade para respirar. Esse livro falava claramente sobre como fazer aquela voz parar de falar. Uma passagem após a outra, falava sobre silenciar a mente. E usava expressões como *Verdadeiro Ser* por trás da mente. Não havia dúvida de que eu tinha encontrado o que vinha procurando. Eu sabia que outras pessoas também deviam ter alcançado aquela perspectiva de observar a voz da mente em vez de se identificar com ela. Não somente existia todo um legado de conhecimentos milenares relativos àquela voz, mas esse livro falava claramente sobre "sair dela". Falava sobre se libertar do domínio da mente. Falava sobre ir *além*.

Nem preciso dizer que fiquei fascinado. Senti por aquele livro uma reverência que nunca havia sentido por nada na vida. Tinha sido obrigado a ler e estudar livros demais na escola. Mas agora tinha nas mãos um que respondia a algumas perguntas verdadeiras que eu tinha, como: quem é esse eu que observa aquela voz falar? Eram perguntas para as quais eu desejava muito saber a resposta. A verdade é que estava muito além do *querer*. Eu *precisava* saber as respostas – aquela voz estava me levando à loucura!

O que *Os três pilares do zen* tinha a dizer era muito claro e inequívoco. Dizia para parar de ler, falar e pensar sobre a mente e simplesmente fazer o trabalho necessário para aquietá-la. O trabalho necessário era igualmente inequívoco: meditar.

Antes mesmo de saber sobre meditação, eu já tinha tentado me sentar sozinho para fazer com que a voz se aquietasse. Mas isso nunca havia funcionado para mim. Esse livro me apresentava um método testado e aprovado que havia funcionado para milhares de outras pessoas. Simplesmente sente-se num lugar silencioso, observe sua respiração, o ar entrar e sair, e repita mentalmente o som *Mu*. Pronto. Agora faça isso por um tempo maior a cada dia. No zen, o verdadeiro trabalho geralmente era feito num encontro em grupo chamado de *sessin*. Nos encontros tradicionais, uma pessoa treinada ficava andando com uma vara *kyosaku*. Se você começasse a dormir ou perdesse o foco de algum outro modo, levava uma pancada nos ombros. O zen era rígido. Não tinha brincadeira. Essa forma do zen era um trabalho sério.

Eu não tinha um grupo nem um professor. Tinha apenas o livro e um anseio sincero de ver se aquelas práticas me levariam aonde eu queria ir. Assim comecei a fazer sozinho a meditação zen. De acordo com o que eu havia entendido, pelo menos.

A princípio ficava sentado durante 15 ou 20 minutos por dia. Em uma semana aumentei o tempo para meia hora, duas vezes ao dia. Não houve fogos de artifício nem experiências profundas. Mas sem dúvida a concentração na respiração e no mantra desviava minha consciência do falatório incessante da voz. Se eu fizesse a voz mental dizer *Mu*, ela não poderia dizer todas aquelas coisas loucas e pessoais que costumava dizer. Rapidamente comecei a gostar da prática. Ficava ansioso pelos momentos do dia que eu reservara para a meditação.

Apenas algumas semanas depois do início do meu experimento com a meditação zen, Shelly e eu decidimos acampar. Encontramos quatro amigos e fomos passar o fim de semana na Floresta Nacional de Ocala. Eu tinha uma Kombi preparada para acampamentos, então era fácil fazer viagens curtas. Mas essa não seria apenas mais uma viagem – ela estava destinada a ter um impacto profundo sobre o restante da minha vida.

Encontramos na floresta um local isolado que se abria para uma área pantanosa intocada. Assim que paramos os carros, fomos envolvidos pela quietude e pela beleza do lugar. Percebi que aquele seria um bom local para meditar um pouco. Eu era apenas um principiante, mas levava as práticas muito a sério e queria descobrir como seria se a voz dentro da minha cabeça realmente se calasse. Perguntei a Shelly e aos nossos amigos se eu poderia passar algum tempo sozinho. Ninguém foi contra, então fui andando junto ao lago cercado de capim e encontrei um bom lugar onde me sentar. Toda a ideia da meditação era tão significativa para mim que, desde o início, era como uma experiência sagrada. Escolhi uma árvore sob a qual me sentar, como o Buda. Então, de um jeito muito dramático, disse a mim mesmo: *só vou me levantar daqui quando alcançar a iluminação.*

O que aconteceu embaixo daquela árvore foi tão poderoso que até hoje meu corpo estremece e meus olhos se enchem de lágrimas quando penso nisso.

# 4
# Silêncio absoluto

Cruzei as pernas na postura de lótus completa. Eu sabia que não era experiente a ponto de mantê-la por muito tempo, mas achei que seria bom começar já na postura oficial de meditação. Deixei as costas eretas e o pescoço alongado e comecei a me concentrar na respiração expandindo e contraindo meu abdômen. O livro do zen me instruía a fazer o som *Mu* na base da barriga, abaixo do umbigo. Observei o ar entrando e saindo.

Eu pretendia ficar sentado por muito mais tempo do que já havia ficado, então usei minha força de vontade para me concentrar com intensidade e sinceridade extras. Isso deve ter feito diferença, porque fui mais fundo do que jamais havia ido. Parecia que a concentração no movimento da respiração na barriga criava uma força que ligava o fluxo do ar saindo pelas minhas narinas ao movimento interno no abdômen. Toda vez que eu soltava o ar lentamente pelo nariz, sentia um calor convidativo por toda a área inferior do abdômen. A sensação era tão boa que minha atenção naturalmente se concentrou ali. Durante um tempo, simplesmente me perdi na beleza da experiência.

Algum tempo depois – eu não tinha como saber quanto –, a voz mental começou a falar sobre como aquela experiência era linda e como aquilo devia ser meditação de verdade. Atraída para aquela voz, minha consciência se afastou da respiração. A experiência parecia ter chegado a seu fim natural, e eu comecei a voltar ao meu estado mental de sempre.

Mas essa sessão de meditação deveria ser diferente. Eu tinha dito a mim mesmo que não iria me levantar até que chegasse a um ponto de ruptura. Por isso comecei deliberadamente a me concentrar de novo no movimento da respiração na minha barriga e no som *Mu*. Mais uma vez me perdi na força quente que fluía ligando minhas expirações à quentura no meu abdômen. A força foi aumentando muito mais à medida que eu me concentrava mais profundamente. Até que toda a consciência do corpo e do ambiente à minha volta desapareceu. Eu tinha consciência apenas do fluxo sem esforço de energia quente que aumentava e se expandia no centro do meu corpo. Eu não estava ali. Apenas o fluxo estava ali.

De vez em quando, por momentos curtos, minha autoconsciência voltava ao foco. No instante em que isso começava a acontecer, eu me concentrava na sensação da expiração e no movimento da barriga – e, no mesmo instante, eu já não estava mais lá. Essa experiência de entrar e sair daquele estado profundo continuou por muito tempo, talvez horas.

Em certa altura, num momento de autoconsciência, devo ter perdido a força de vontade para me concentrar. Eu estava longe, num lugar muito profundo e calmo, mas comecei a voltar. Não sei quanto tempo permaneci sentado, mas a primeira coisa que percebi foi a dor nas pernas. Elas doíam muito por eu ter ficado na postura de lótus completa durante tanto tempo. A voz na minha mente ainda não tinha voltado. Eu simplesmente estava ali, meio atordoado, mas muito tranquilo e intensamente fascinado pela experiência. Acho que teria continuado a voltar a mim, mas algo espantoso aconteceu. Das profundezas da minha autoconsciência, veio uma voz retumbante. Ela dizia, muito séria: "QUER OU NÃO QUER SABER O QUE ESTÁ ALÉM DE VOCÊ?"

Não era a voz da mente contra a qual eu estava acostumado a lutar. Desde a primeira vez que eu tinha percebido aquela voz tagarelando, ela falava de frente e abaixo de onde eu estava, dentro de mim. Essa nova invocação vinha de trás e de cima de onde minha autoconsciência se situava agora. De qualquer modo, seu desafio sério me sacudiu até as profundezas do meu ser. Não senti necessidade de responder, porque cada gota de mim ansiava por ir mais fundo. Assim, inspirei e depois me empurrei junto com a expiração, e parti.

Quando a autoconsciência começou a se coagular outra vez, minha experiência de ser era muito diferente de tudo que eu havia experimentado até então. Sentia dor nas pernas, mas elas estavam muito longe e a dor tinha certo calor e beleza. À medida que recuperava alguma consciência do corpo, tentei inclinar a cabeça um pouquinho para a frente. Nada se mexeu. Era como se minha testa estivesse encostada numa parede. Algo muito sólido resistia até mesmo ao menor movimento. De imediato percebi que a pura intensidade da minha concentração tinha criado uma força bem definida que fluía para fora, a partir da testa, e se curvava de volta até o ponto na base do abdômen em que eu estivera concentrado. Sei que deve soar esquisito, mas a sensação era de um campo magnético tão forte que eu simplesmente não conseguia me mexer contra ele.

Essa não era a única energia poderosa que eu estava sentindo. Eu estivera sentado na postura de lótus completa, com as mãos pousadas nos pés cruzados. Nessa posição, minhas mãos, meus braços e meus ombros formavam um círculo fechado. Agora esse círculo completo tinha se tornado mais um daqueles campos de força. Eu não conseguia me mover nem para a frente nem para os lados – estava travado no que só posso descrever como fluxos de energia perpendiculares. Sempre que expirava, os fluxos ficavam mais palpáveis e intensos. Toda a experiência era tão arrebatadora que na verdade não recuperei a consciência do ambiente ao meu redor. Voltei a mim apenas o suficiente para notar que meu corpo estava dominado por aqueles fluxos de energia. Então, de novo, escutei: "QUER OU NÃO QUER SABER O QUE ESTÁ ALÉM DE VOCÊ?"

Na mesma hora inspirei fundo e, com grande intenção, expirei lentamente pelas narinas. Foi como se o ar que saía pressionasse os campos de força magnéticos e isso criasse um impulso para o alto. Essa propulsão para cima e para dentro começou a me levar a um local ainda mais profundo, para além de qualquer consciência de mim mesmo. Mais uma inspiração e uma expiração, e eu parti por completo.

Talvez você queira me perguntar para onde fui. Seria razoável, mas não sou capaz de responder. Só sei que, a cada vez que voltava, eu estava num estado mais elevado do que quando saíra. Quando voltei desse lugar nenhum outra vez, tudo estava muito diferente. Não havia aquela resistência sutil ao fato de ter retornado. Não havia aquele sentimento de urgência para manter o estado elevado. Havia apenas paz – uma paz muito, muito profunda. E um silêncio absoluto, um silêncio que nada poderia perturbar. Era tão grande que talvez nunca houvesse existido som nenhum ali, por toda a eternidade. Era como o espaço sideral, onde não há atmosfera, de modo que não existe som. O som precisa de um meio para viajar. No lugar para onde voltei esse meio não existia. Eu estava realmente experimentando o som do silêncio.

Mais importante, não havia nenhuma voz. Não existia sequer a lembrança de como seria ter um falatório naquele lugar sagrado. Ela havia ido embora. Por completo. Restava apenas a consciência de ser. Eu simplesmente existia, nada mais. Dessa vez nenhum chamado me impelia a ir além. Estava na hora de voltar.

A primeira coisa que notei enquanto tomava consciência do ambiente à minha volta foi que os fluxos de energia exteriores que eu havia experimentado um pouco antes haviam se voltado para dentro. Agora eu sentia um fluxo muito lindo de energia subindo pela coluna até o meio da testa. Nunca tinha experimentado algo assim, e quase toda a minha consciência era atraída para esse ponto. Ainda havia uma dor enorme nas pernas, mas isso não era problema. Era apenas a experiência silenciosa da dor. Sem reclamações, sem diálogo mental sobre o que fazer a respeito. Havia apenas consciência, totalmente em paz com o que era percebido.

Consegui mover os braços o suficiente para desdobrar as pernas da postura de lótus. Elas eram como um peso morto, por isso fiquei deitado de lado por um tempo até que voltassem à vida. Era muito tranquilo, muito confortável ficar ali deitado. Depois de um tempo abri os olhos. O que enxerguei não parecia nada que eu já tivesse visto ou sonhado. O lago diante de mim era como uma pintura japonesa em papel de arroz. Emanava delicadeza e quietude. O capim alto oscilava à brisa suave, mas o movimento tinha quietude. Tudo estava tranquilo demais, sereno demais. As árvores estavam quietas, as nuvens estavam quietas, a água estava quieta. Havia uma calma absoluta em meio ao movimento da natureza. Meu corpo estava quieto e não havia pensamento nenhum. Eu poderia ficar deitado para sempre, fundindo-me à paz que envolvia minha presença.

Quando enfim me levantei, o movimento do corpo me parecia pouco familiar. Eu nunca havia sido uma pessoa graciosa. Definitivamente não era do tipo dançarino. Mas agora cada movimento do meu corpo parecia um balé. Havia um fluxo de graça quando meus braços se moviam e eu realmente vi a diferença ao começar a andar. A cada passo dava para sentir todos os minúsculos movimentos dos músculos dos pés. Eu fluía de cada passo para o próximo, o que em si era inebriante.

A parte incrível é que esse estado durou semanas. Quando me juntei de novo aos meus amigos naquele dia, esse estado não mudou. Eu não sentia necessidade de explicar nem de descrever o que havia acontecido nas duas ou três horas em que estive longe. Mal conseguia falar. Tudo era lindo e tranquilo demais. O silêncio, o absoluto silêncio; nem mesmo os sons exteriores perturbavam aquela quietude. Os sons estavam lá, mas pareciam distantes demais de onde eu me encontrava, do lado de dentro. Um fosso de paz densa não permitia que nada alcançasse a cidadela do meu estado de elevação.

# 5

# Da paz absoluta à agitação absoluta

Shelly e eu voltamos para casa depois da viagem de fim de semana, mas eu não conseguia mais me identificar com a vida para a qual estava retornando. Eu tinha mudado completamente em questão de horas. Minha condição interior normal tinha se transformado num estado de clareza absoluta. Nem o desejo nem o medo eram capazes de me tocar naqueles primeiros dias. Até mesmo os pensamentos se esvaíam antes de alcançar a base da minha consciência. Daquela época só me lembro de experimentar uma sensação poderosa e inabalável de intenção obstinada. *Nunca sairei deste estado. Não importa o que aconteça, jamais permitirei que nada me tire deste lugar.* Nenhuma voz na minha mente precisou dizer isso; era quem eu era. Eu não era mais Mickey Singer. Eu era aquele que jamais trairia essa paz nem permitiria que algo perturbasse aquela quietude transcendente.

Eu era como uma criança que precisava aprender tudo de novo. Precisava aprender a comer de um modo que fosse consistente com aquela paz. Eu antes fumava maconha; parei por completo. Meu estado era cristalino e eu não queria embotá-lo nem um pingo. Precisei aprender a ir às aulas e fazer provas enquanto permanecia totalmente centrado. Eu estava num programa de doutorado com bolsa integral. Precisei aprender a usar minha mente intelectual sem perturbar a paz que eu agora amava mais do que a própria vida.

Durante aquelas poucas semanas, senti que havia nascido de novo.

Eu me flagrava ansiando por ir além outra vez. Na verdade, a cada vez que me sentava para meditar, era atraído de volta para um estado elevado. Algum véu tinha sido arrancado dentro de mim, e agora era muito natural passar de novo através dele. Comecei a acordar às três da manhã para fazer meditações prolongadas. Ao longo de todo o dia, sentava-me sempre e onde quer que tivesse oportunidade. Apenas uma pequena parte da minha vida tinha a ver com minha existência exterior. O que eu realmente queria era aprender a permanecer bem fundo dentro de mim enquanto minha vida exterior passava diante dos meus olhos, deixando-me em paz.

Mas não consegui permanecer tão distanciado por muito tempo. Depois de duas a três semanas, a paz interior inexpugnável começou a apresentar rachaduras. Essas rachaduras permitiam que a voz da minha mente pessoal vazasse de volta para o meu refúgio de silêncio. Lutei para recuperá-lo. Ah, como lutei. Mas a luta em si já não combinava com a paz absoluta. Não havia nada que eu pudesse fazer. Precisava simplesmente ficar ali, assistindo impotente enquanto a Terra Além dos Meus Sonhos dava lugar ao meu estado interior ruidoso. Nunca me ocorreu que eu poderia tentar abandonar minha existência exterior para manter a quietude interior. Esse esforço viria um pouco mais tarde.

Ainda que minha profunda paz interior tivesse começado a se dissipar, jamais retornei por completo ao meu estado normal. Mesmo quando a mente pessoal e as emoções começaram a voltar, eu estava muito mais distanciado delas do que antigamente. Além disso, havia outra grande mudança: agora eu experimentava um fluxo constante de energia subindo dentro de mim até o ponto entre as sobrancelhas. Aquilo formava um vórtice de pressão que forçava minha atenção para aquele ponto. Por exemplo, se eu estivesse olhando para alguma coisa, era como se eu mirasse através da testa, não dos olhos. Isso não afetava minha capacidade de enxergar; apenas me mantinha mais perto do estado meditativo o tempo todo. Perceba que o foco no fluxo de energia não era algo que eu estivesse fazendo, mas algo que acontecia por conta própria. Eu apenas tinha consciência de que o fluxo jamais estivera ali, e agora estava sempre presente.

A captura da minha atenção para o ponto entre as sobrancelhas se tornou tanto minha professora quanto minha amiga. Quando minha voz mental tinha algo a dizer, agora eu tinha uma escolha: prestar atenção nela ou me manter concentrado no fluxo de energia interior. Com o tempo percebi que, se eu não quisesse ouvir o falatório mental, bastava aumentar ligeiramente o foco no fluxo de energia para a testa. Então os pensamentos passavam direto, sem me incomodar. Deixar os pensamentos se esvaírem virou um jogo para mim. Toda a vida se tornou uma experiência mais leve do que antes. Meu melodrama pessoal ainda surgia, mas não era capaz de me sugar para baixo, para dentro dele. Eu tinha recebido a dádiva desse fluxo de energia interior para me ajudar a abrir caminho para fora de mim. Mais importante: agora eu sabia como seria escapar do meu eu pessoal. Minha intenção era firme e resoluta – custasse o que custasse, não importava quanto demorasse, eu ia descobrir o caminho de volta para ir além.

Mas não demorou até acontecerem mudanças externas na minha vida que rivalizavam com as mudanças internas pelas quais eu estava passando. Começou com Shelly. Um dia ela me disse que estava na hora de terminarmos e cada um seguir seu caminho. Isso realmente me pegou de surpresa. Apesar de só estarmos casados havia um ano e meio, o alicerce da minha vida pessoal tinha sido construído ao redor dela ao longo de anos. Tentei em vão me agarrar a Shelly, mas a certa altura vi algo que nunca tinha conseguido enxergar: a pura força da minha personalidade e do meu intelecto não tinha deixado o espaço de que ela precisava para respirar. Se eu realmente a amava, precisava deixá-la partir. Naquela época, um amigo procurava alguém para tomar conta de sua casa enquanto ele estava fora. Então me mudei para aquela casa e comecei o processo de cuidar de um coração partido.

A mudança súbita na minha vida exterior teve um efeito profundo em meu trabalho interior. Eu já estava totalmente comprometido com minhas meditações regulares. A exploração do estado de profunda paz interior havia se tornado o propósito da minha vida. Agora eu tinha outra fonte de inspiração muito poderosa: estava assistindo a um ser humano que sofria uma dor quase insuportável. Meu coração emanava dor o tempo todo e minha mente estava literalmente destruída. Era como se o alicerce da imagem que eu tinha de mim mesmo houvesse sido removido e meu eu pessoal estivesse em queda livre. Eu não sabia como restaurá-lo, nem queria.

Quando eu me concentrava muito profundamente durante a meditação, todo o tumulto se dissolvia. Havia silêncio e paz. Não era um silêncio tão denso quanto antes, mas me proporcionava um lugar de repouso. Ao voltar da meditação, vinham a agitação e a dor. Assim, minha experiência cotidiana agora era de céu ou inferno. Não havia mais ponto intermediário. Meu modo "normal" de ser havia desaparecido. De uma só vez, quem eu tinha sido não existia mais.

Cada vez mais eu escolhia a meditação. Não era só um modo de escapar da dor – a meditação dava sentido à minha vida. Eu estava comprometido a ir além – permanentemente –, e as mudanças na minha vida estavam me ajudando a me livrar de toda uma parte do meu ser que vinha me atrapalhando. A personalidade que se expressava através daquela voz mental já não era mais tão segura de si. Na verdade, ela estava completamente confusa. Essas mudanças externas haviam sido uma lição de humildade para ela, que antes achava que sabia tudo. Bom, aquela personalidade estava enganada. Sem dúvida era mais fácil abrir mão dela quando estava em pedaços.

Durante esse estágio do meu crescimento observei com muita atenção enquanto a imagem que eu tinha de mim mesmo tentava se redefinir. No lugar de um homem casado com uma carreira bem definida, meus pensamentos começaram a me visualizar como um meditador em busca de uma verdade mais profunda. Mas mesmo naqueles primeiros dias eu não queria recuperar minha força com base em mais um conceito mental de mim mesmo. Sempre que percebia pensamentos sendo costurados entre si, juntando-se para criar um novo "eu", eu puxava o tapete debaixo deles. Era muito doloroso, mas eu estava disposto a abrir mão de tudo se isso me libertasse para explorar o além.

Meu amigo voltou para casa, então me mudei. Não me importava com o lugar onde moraria. Só precisava ficar sozinho. Minha vida era bastante simples. Eu meditava, praticava yoga e de tempos em tempos ia às aulas. Não tinha posses, a não ser meus livros didáticos, algumas roupas e minha Kombi. Eu fazia longos passeios de carro pelos campos em volta de Gainesville. Certa vez encontrei um lugar lindo na floresta perto de uma cidade vizinha, onde havia um pequeno poço abandonado cheio de água azul cristalina e cercado apenas por uma mata de carvalhos anões e pinheiros. Eu ia até lá, e foi onde passei a morar.

Estava me tornando cada vez mais um eremita. Não tanto porque estivesse fugindo de alguma coisa – eu estava indo em direção a mim mesmo. Minha intenção era muito clara o tempo todo: queria voltar profundamente para dentro de mim. O problema era que não tinha ideia do que fazer com meu eu pessoal – vulgo "Mickey". Sua própria existência estava me atrapalhando, impedindo que eu chegasse aonde tanto ansiava. Se eu não trabalhasse nisso, o foco da minha atenção ficaria retornando ao seu melodrama pessoal. Era uma direção nitidamente oposta àquela para onde eu queria ir. "Mickey" estava por fora e por baixo, enquanto *eu* queria estar por dentro e por cima. Naqueles dias eu tinha certeza de uma coisa: ele era o problema e precisava ir embora. Eu levava muito a sério o fato de que precisava me livrar dele. Mas não tinha ideia de como fazer isso.

# 6

# Ao sul da fronteira

O verão de 1971 vinha se aproximando e logo eu ficaria livre das aulas. Estava no segundo ano da pós-graduação e, embora não comparecesse à universidade com muita regularidade, ainda conseguia manter as notas altas. Estudava apenas o suficiente para me sair bem nas provas finais e nos trabalhos. Não tinha dúvidas do que faria no verão – mais meditação e yoga. A única questão era: onde?

Essa deve ter sido a primeira vez na vida em que comecei a notar conscientemente um tema recorrente e nítido nos acontecimentos que se desenrolavam fora de mim. Isso começou quando, do nada, um colega de turma me perguntou se eu já tinha ido ao México. Ele disse que era um lugar interessante para passar algum tempo. Pouco depois, eu estava numa livraria e praticamente tropecei num guia de viagens sobre o México que alguém tinha deixado no chão. Isso me fez começar a pensar que talvez eu devesse viajar por um tempo, que talvez o México fosse uma boa ideia. A gota d'água foi quando estava num posto de gasolina abastecendo o carro e encontrei um mapa do México que alguém tinha deixado bem em cima da bomba. Para mim esses sinais eram suficientes. Decidi ir para o México.

Eu não sabia para onde ir. O México é um país bem grande. Mas, no estado mental em que me encontrava, isso não fazia diferença. Eu simplesmente iria para ver no que ia dar. Meus amigos e familiares não gostaram muito dessa ideia de ir para o México sozinho e sem planejamento. Recebi muitas advertências sobre bandidos e sobre como deveria evitar pessoas desconhecidas. Eu falava um pouco de espanhol, que havia aprendido na escola, mas só o suficiente para me meter em confusão. Com pouco mais do que isso, parti para o país vizinho.

Minha viagem me levou pelos estados do litoral do Golfo do México até o Texas. Enquanto dirigia, eu me concentrava na respiração e entoava o *Mu* na barriga. A última coisa que eu desejava era escutar aquela voz na cabeça falando o dia inteiro. Todas as noites, eu encontrava um lugar para estacionar numa floresta, meditava e ia dormir. Nesse ritmo, demorei poucos dias para chegar à região Centro-Norte do México, onde parei.

Num fim de tarde, no interior do México rural, não consegui encontrar nenhuma floresta onde pudesse passar a noite. Não me sentia confortável em parar no acostamento e não sabia o que fazer. Acabei saindo da estrada e subindo uma das colinas mais altas até chegar a uma vista gloriosa no topo de um pasto. Não havia cercas nem casas à vista, então foi ali que decidi passar a noite.

A manhã seguinte foi de tirar o fôlego. Uma névoa flutuava acima dos campos e dava para ver todas as cores do alvorecer. Era tão lindo que fiz minha meditação e as posturas matinais de yoga ao ar livre. Fui muito fundo, e um eco da paz que eu buscava dominou meu ser. Fiquei naquela colina verde durante muitas semanas, sem jamais sair. A cada dia aumentava os períodos de meditação e yoga. Minha mente estava se aquietando e meu coração começava a respirar de novo.

Certa manhã levei um susto com uma batida na lateral da Kombi. Fiquei com muito medo. Será que os bandidos finalmente tinham me encontrado? Ou seria o dono da terra que tinha vindo me expulsar na mira de uma espingarda? Quando abri a porta, encontrei um menino de cerca de 8 anos, segurando um recipiente.

*"Esta leche es de mi mama para el americano en la colina."*

Eu me esforcei para traduzir: "Este leite é da minha mãe para o americano na colina." Fiquei muito comovido e lhe agradeci profusamente. Eu tinha pensado o pior, como sempre, e por acaso aquilo era um ato de gentileza no meio do nada no México.

Aos poucos eu descobria que a vida não era tão frágil quanto aquela voz na minha cabeça queria que eu acreditasse. Havia experiências à nossa espera, mas só se estivéssemos dispostos a vivê-las. Mais importante: foi a primeira vez que consigo me lembrar de ter dado crédito à vida pelo fluxo de eventos que haviam se desenrolado. Afinal de contas, eu não tinha planejado o lugar perfeito onde parar e passar algumas semanas em meditação e solidão. Para não falar da visita gentil do menino. A vida me havia proporcionado essas coisas e eu tinha apenas seguido o fluxo. Estava começando a ver todas essas experiências como um presente da vida.

7

# Desativando o botão do pânico

O México tinha sido bom para mim, mas era hora de começar a viagem para casa. Dirigi em direção ao norte e, ao fim do dia, encontrei um pequeno lago ao lado de uma estrada de terra, onde poderia passar a noite. Era um lugar tão tranquilo que continuei lá depois das práticas matinais, aproveitando a água. Chegou a hora da sessão de meditação da tarde, então subi uma colina e encontrei um lugar isolado onde começar as posturas de yoga.

Mais ou menos na metade da prática escutei algumas vozes à distância. Comecei a ficar desconfortável, mas não iria ceder àquela pessoa amedrontada dentro de mim. Apenas relaxei mais profundamente na postura e a ansiedade foi diminuindo.

O som que me assustou em seguida foi o de um cavalo bufando muito mais perto. Fiquei convencido de que dessa vez eram bandidos. Logo escutei as vozes e os cavalos se aproximando cada vez mais. Relaxado não era exatamente a palavra que me veio à mente. Apavorado, vulnerável e terrivelmente desacorçoado era uma descrição mais precisa de como eu estava.

Tudo em mim queria terminar a prática de yoga imediatamente e abrir os olhos para ver em que perigo eu tinha me metido. Bom, tudo menos o centro de autodisciplina que eu tinha desenvolvido para me livrar daquela pessoa amedrontada dentro de mim. A ordem rígida como aço vinha de trás dos meus temores: de jeito nenhum eu perderia a oportunidade de transcender toda essa agitação interior. Fechei os olhos com mais força, como um ato de desafio, e respirei fundo. Exigi um estado de relaxamento em meio àquele drama.

Ao terminar minha sequência habitual de posturas de yoga, eu costumava ficar sentado para meia hora de meditação. Observei aquela voz implorando a permissão para pular esse passo. Afinal de contas, os cavalos não tinham ido a lugar nenhum. Dava para ouvir claramente a respiração deles bem à minha frente, intercaladas com os sussurros dos cavaleiros. Na verdade não existia nenhuma decisão a tomar. Eu tinha visto com clareza que aquela pessoa amedrontada dentro de mim estava me impedindo de ir para onde eu desesperadamente desejava. Precisava me livrar dela. Assim, respirei fundo e fluí para uma postura de lótus completa. E comecei a entoar o som *Mu* dentro da barriga, numa tentativa inútil de abafar o que aquela voz tentava dizer. Para mim era como um ato de comprometimento – com qual lado você se importa: o de dentro ou o de fora?

Quando finalmente abri os olhos, vi dois cavalos bem à minha frente. Não podiam estar a mais do que 3 metros de mim. Sobre eles havia dois cavaleiros que mais pareciam peões de fazenda do que bandidos. Estavam fumando cigarros, e um deles montava de lado, virado para o outro. Quando viram que eu tinha voltado ao mundo deles, começaram a falar comigo em espanhol. Fiquei meio surpreso ao perceber que conseguia entender a maior parte do que diziam – e o simples fato de estarem falando comigo já era definitivamente um bom sinal. Comecei a me sentir aliviado, e a série de acontecimentos a seguir deixou uma impressão indelével na minha mente – eu deveria parar de permitir que aquela pessoa amedrontada guiasse a minha vida.

Em algum momento da nossa interação, os cavaleiros perguntaram se a Kombi parada junto ao lago era minha. Minha voz mental me mandou ter cuidado imediatamente, porque eles poderiam me roubar. Ignorei esse interlúdio e levantei a mão de bom grado quando um deles se ofereceu para me puxar para o cavalo e me dar uma carona de volta à Kombi. Eu era um homem de cidade. Montar na garupa de um cavalo de um mexicano desconhecido vestindo apenas um calção de banho não era um acontecimento comum para mim. Enquanto descíamos o morro, uma paz me dominou da cabeça aos pés. A experiência era linda demais, e eu a teria perdido se tivesse dado ouvidos a meu eu amedrontado.

Quando chegamos à Kombi, o vaqueiro começou a me contar que eles e alguns outros trabalhavam naquelas terras para um fazendeiro rico. Disse que todos eram muito pobres e que o proprietário nem sequer os deixava pescar no lago. Ele apontou na direção do lugar onde moravam e me convidou para passar lá antes de ir embora no dia seguinte. Nós nos despedimos como se fôssemos amigos de muitos anos, eles viraram os cavalos e partiram.

Eu me sentia muito aberto, muito conectado com a experiência que estava vivenciando. Embora estivesse passando por algumas mudanças muito profundas, lembro que à noite agradeci à vida por aquele dia tão especial. A dor e a agitação dentro de mim estavam começando a diminuir, mas o anseio por paz e silêncio absolutos continuava a arder no meu coração.

Na manhã seguinte, depois das minhas práticas, arrumei as coisas para continuar a jornada em direção ao norte. Antes de ir embora, decidi continuar um pouco pela estrada de terra para ver se descobria onde os trabalhadores da fazenda moravam. Cheguei a uma área onde havia de quinze a vinte casas de barro com telhado de palha. Tinha lido sobre casas assim, mas nunca tinha visto uma de perto. Antes que eu pudesse decidir se queria avançar mais, um dos meus novos amigos do dia anterior saiu para me receber.

Estacionei a Kombi e acompanhei o vaqueiro entusiasmado enquanto ele apresentava seu novo amigo americano às outras pessoas do povoado. Fiquei pasmo ao ver como tudo era primitivo. As cabanas tinham chão de terra e apenas aberturas quadradas por onde a luz entrava. Não havia portas nem janelas. Muitas das pessoas que encontrei me olhavam como se nunca tivessem visto um americano. Logo descobri que muitas nunca tinham visto mesmo. Não creio que a voz impertinente na minha cabeça tenha dito uma única palavra nas horas em que estive lá. Tudo era novo demais para mim. Era natural demais, muito pé no chão. Sentei-me numa cabana com mulheres amamentando bebês. Eu nunca tinha visto isso antes. Notei que senti vergonha por minha cultura ter distorcido a natureza a ponto de coisas naturais não parecerem mais naturais.

Logo continuamos o passeio pelo pequeno povoado. Quando nos aproximamos da choupana do meu amigo, ele perguntou se eu sabia montar a cavalo. Falei que fazia alguns anos, mas que já havia montado. O que não contei foi que na última vez eu tinha 12 anos, estava num acampamento de verão e montara uma sela inglesa. Então ele fez a coisa mais inesperada: me entregou as rédeas de seu cavalo e apontou para um campo aberto. Não era a hora nem o lugar para ser tímido. Enfiei a sandália no estribo e subi na sela como se soubesse o que estava fazendo. Eu sempre havia achado que seria incrível galopar num campo aberto. De algum modo esse sonho iria se realizar no meio do México, onde eu não conhecia absolutamente ninguém. Fui me acostumando com o cavalo enquanto alguns aldeões se reuniam para olhar, e então cavalguei como o vento num campo vasto. Eu realmente me esbaldei, empolgadíssimo em comparação com a rígida disciplina zen que vinha me impondo.

Passei mais algumas horas falando da vida americana com alguns aldeões muito curiosos, depois comecei a me despedir. Fui convidado a ficar para o jantar, mas estava na hora das minhas práticas da noite. Lembrei que meu amigo dissera que eles não tinham permissão de pescar, apesar da dificuldade para conseguir comida. Fui até a Kombi e peguei o grande suprimento de arroz integral e feijão que tinha guardado embaixo do banco de trás.

Entreguei tudo às mulheres que preparavam a comida. Elas agradeceram tanto que quase chorei. Aquelas coisas não significavam nada para mim, mas eram tudo para elas. Essa foi outra lição da vida que jamais esqueci: a alegria de ajudar as pessoas.

Antes de eu ir embora, todos cercaram a Kombi para dizer adeus. Eu vivera no silêncio e na solidão, sem contato humano durante quase um mês. E agora era uma celebridade. Como isso acontecera? Para mim não havia dúvida: eu tinha aberto mão de mim mesmo e uma coisa muito especial viera em seguida. Eu estava disposto a enfrentar a solidão e o medo sem buscar um alívio rápido. No entanto, alguma coisa ocorrera por vontade própria, sem que eu fizesse nada ou mesmo pedisse. As sementes de um grande experimento estavam sendo plantadas. Seria possível que a vida tivesse mais a nos dar do que jamais poderíamos obter por conta própria?

8

# Inspiração inesperada

Eu tinha evoluído muito com as experiências no México. Aprender a aceitar a vida enquanto ela se desenrolava à minha volta era algo novo para mim, e os resultados eram muito libertadores. Quando voltei a Gainesville, meu coração e minha mente estavam muito mais em paz. O problema era que eu não tinha onde morar. Minha última residência fora na floresta, perto do poço a leste da cidade, então voltei àquele lugar recluso e morei ali mesmo, na Kombi. Só precisava de solidão, da disciplina das práticas cada vez mais intensas e de uma quantidade mínima de comida.

Percebi que a probabilidade de terminar o doutorado estava diminuindo rapidamente. Só restavam algumas matérias, mas depois vinham a qualificação e a tese. Em mim não restava nada que quisesse ser um professor de economia. Eu queria uma exploração íntima, intensa. Só me importava com a profundidade das minhas meditações.

O chefe do departamento de economia, Dr. Goffman, era como um pai para mim. Eu o amava e respeitava muito, e ele me encorajou a terminar o doutorado. Achava que eu só estava passando por uma fase na juventude e que logo iria superá-la. Ele manteve minha bolsa e me pressionou para ao menos terminar os trabalhos do curso. Por respeito a ele, eu ia de tempos em tempos à cidade e assistia a algumas aulas – mas não com muita frequência.

Eu logo aprenderia que tudo na vida tem algo a ensinar e faz parte do nosso desenvolvimento. Mas ainda não estava pronto para enxergar esse fato. Para mim, havia a meditação e havia todo o resto. Ainda que eu definitivamente não considerasse a minha produção acadêmica relevante para o meu crescimento interior, tive uma experiência muito esclarecedora associada a uma das matérias que cursava.

O professor daquela disciplina era um economista respeitado, nem um pouco do tipo mente aberta. Eu faltava a um monte de aulas, e quando aparecia era descalço e vestindo calça jeans. Duvido que eu fosse seu aluno predileto. Um dia ele perguntou se eu realmente esperava tirar uma nota boa na matéria. Explicou que eu tinha me esforçado apenas o suficiente para me sair bem nas provas, mas que minhas ausências e a falta de participação nas aulas não deixavam espaço para uma nota alta. Eu sabia que faltava um último trabalho para entregar, então falei que iria me dedicar com esforço especial para escrevê-lo e que agradeceria se ele baseasse minha nota apenas nas provas e na qualidade desse trabalho. Ele disse que levaria isso em consideração.

Logo chegou a hora de escrever o trabalho final dessa matéria. Eu sabia que meu estado mental não favorecia idas à biblioteca e tentativas de aprender o suficiente para escrever um texto excelente. Eu vinha meditando muito e minha mente estava muito calma. De jeito nenhum passaria dias pesquisando e pensando no tema. Precisaria encontrar um método alternativo para escrever o trabalho.

Num fim de tarde peguei um punhado de blocos de papel e algumas canetas. Depois de meditar, acendi o lampião a querosene e me sentei na mesa dobrável na Kombi. Comecei dizendo a mim mesmo que não me importava nem um pouco com a nota que tiraria na matéria, já que provavelmente não terminaria mesmo o doutorado. Isso tirou qualquer pressão mental ou emocional da jogada. Então eu disse a mim mesmo para simplesmente começar a escrever qualquer coisa que eu pensasse sobre o tema.

Não tinha nenhum livro como referência, apenas a lógica natural de uma mente clara e sem pressões. Comecei a escrever e os pensamentos começaram a fluir. Não me preocupei com o que estava escrevendo nem duvidei dos meus pensamentos. Era muito parecido com a meditação. Mantive meu eu pessoal fora de cena e apenas deixei a inspiração fluir sem rédeas.

A determinada altura desse processo, um clarão de inspiração brotou dentro de mim. Se antes eu não tinha ideia de como faria o trabalho, naquele momento eu soube exatamente o que iria escrever. Era como se uma nuvem de conhecimento tivesse se formado instantaneamente por trás da mente calma. A coisa aconteceu com muita rapidez e foi intensa como um relâmpago. A princípio não havia nenhum pensamento envolvido. Era mais um sentimento, apenas uma percepção definitiva de que agora eu sabia para onde o trabalho iria e como chegar lá. Então os pensamentos começaram a se formar. A princípio vinham aos poucos, depois jorravam na mente. Eu ainda precisava reuni-los num fluxo lógico, mas as sementes todas estavam ali. Era um processo incrível de observar.

Escrevi e escrevi. Fui preenchendo um bloco após o outro com uma apresentação totalmente lógica que começava com uma premissa, apresentava os argumentos e terminava com uma conclusão. No caminho havia gráficos para apresentar relações e referências a fatos que eu tinha lido ou ouvido nas aulas. Esses fatos precisariam receber um acabamento e notas de rodapé mais tarde, então simplesmente fui deixando espaço para eles e continuei escrevendo o que era criado na minha mente. Não parei por nada. Não havia preocupação nem julgamento de bom ou ruim. Apenas permiti que o processo fluísse.

Quando artistas criam uma obra, primeiro têm a inspiração, depois a trazem ao plano físico. Foi exatamente esse processo que aconteceu comigo naquela noite na Kombi. A inspiração para todo o trabalho veio de uma vez, e então minha mente a digeriu e lhe deu forma. Em vez de uma escultura, uma pintura ou uma sinfonia, minha obra de arte era um tratado econômico. Vinha de onde a arte vem, mas o meio de expressão era o pensamento lógico, não mármore ou tinta. Eu não fazia ideia de onde vinha aquela centelha de inspiração. Só sabia que, num instante, tinha todo o material necessário para escrever um trabalho em nível de doutorado.

Passei os dias seguintes ajustando o rascunho, datilografei tudo e entreguei. O texto final datilografado tinha mais de trinta páginas. Não somente recebi nota máxima na matéria, como, quando o professor devolveu o trabalho, perguntou se eu consideraria escrever minha tese sob sua orientação. Foi uma grande honra. Como fica evidente por esta narrativa quarenta anos mais tarde, a experiência daquela noite teve um efeito profundo em mim. Eu tinha visto claramente a diferença entre a inspiração criativa e o pensamento lógico. Sabia de onde os pensamentos vinham, mas de onde vinha a inspiração? Vinha de um lugar muito mais profundo do que aquele onde eu testemunhava os pensamentos. Vinha espontaneamente, em silêncio completo, sem esforço nem comoção. Não importava quanto eu pudesse ter tentado. Jamais teria escrito aquele trabalho apenas com os esforços da minha mente lógica. Imaginei se haveria um modo de estar o tempo todo em contato com o brilho daquela inspiração. Apenas com o tempo, muitos anos depois, eu aprenderia que podemos viver constantemente nesse estado de inspiração criativa.

## 9

# A terra prometida

Fazia meses desde minha experiência de meditação profunda na Floresta Nacional de Ocala. Os vestígios daquela experiência eram um fluxo constante de energia que se dirigia ao ponto entre as sobrancelhas e um desejo ardente no coração de ir ainda mais fundo em mim mesmo. Nenhuma dessas forças diminuiu com o tempo. Na verdade, o desejo de ir fundo aumentava todos os dias. Era como estar loucamente apaixonado e não conseguir ver a pessoa amada. Comecei a pensar em abandonar tudo e adotar uma vida de solidão. Minhas matérias do doutorado tinham terminado e nada me obrigava a seguir com a qualificação imediatamente. Além disso, naquele momento, eu tinha quase certeza de que jamais terminaria o doutorado.

Decidi que precisava de um lugar longe de tudo e de todos para me concentrar por completo nas minhas práticas. Sabia que não podia continuar acampado para sempre junto ao poço, mas não estava pronto para começar a procurar um local isolado que fosse meu. Então resolvi que iria simplesmente manter os olhos abertos para ver se alguma coisa apareceria.

E alguma coisa apareceu.

Um dia eu estava abastecendo a Kombi quando, do nada, o funcionário do posto perguntou onde eu morava. Falei que fazia um tempo que eu vinha morando na Kombi, mas esperava encontrar um terreno no campo. Ele disse que tinha descoberto um lugar lindo, a noroeste de Gainesville, que tinha lotes de dois hectares à venda. Peguei o endereço e fui embora.

Alguns dias depois fui até o lugar e encontrei o April Gift Estates. Ficava numa área com muitas árvores, uns 15 quilômetros ao norte da cidade, e consistia em 21 lotes de dois hectares e umas duas estradas de terra. Pouquíssimos terrenos tinham sido vendidos, e não vi ninguém durante todo o tempo em que perambulei por lá. O lugar era tão tranquilo e natural que fiquei dirigindo a Kombi quase num transe. Era simplesmente perfeito.

Logo cheguei a dois terrenos adjacentes que eram parte floresta e parte campo. Era o que eu queria. Parei o carro e atravessei a floresta até o limite. A sensação de sair da floresta para o campo que se abria de repente era inacreditável. Havia um jorro de luz e um sentimento de expansividade.

Subi a colina até a cerca no lado norte da propriedade. O terreno fazia divisa com um pasto lindo que ia descendo até um riacho ladeado de árvores. Toda a face norte do terreno dava para aquela vista de tirar o fôlego. O local me fazia lembrar de como Homero tinha descrito os Campos Elísios. Voltei para a floresta e encontrei um local embaixo de uma árvore, de onde dava para ver o campo aberto à minha frente e o pasto lindo à direita. A floresta estava silenciosa e trazia uma sensação de proteção. Era como estar num útero. No momento em que me sentei, fui atraído para a meditação profunda. Assim que voltei soube que estava em casa.

Eu nunca havia comprado um terreno, mas tinha algum dinheiro guardado. Quando me formei na faculdade, meu pai me deu o que restava da poupança destinada a pagar meus estudos. Ele queria que eu assumisse toda a responsabilidade pela minha pós-graduação. Como fiz o mestrado e o doutorado com bolsa integral, consegui economizar quase todos os 15 mil dólares que ele me dera. Agora estava na hora de gastá-los.

Decidi tentar comprar os dois lotes que incluíam o campo. Isso me daria isolamento suficiente. Antes de contatar o proprietário, pensei num valor máximo que estaria disposto a pagar pelos quatro hectares. O número era significativamente mais baixo do que o valor pedido, mas eu disse a mim mesmo que, se o vendedor não baixasse até o meu preço, não era para ser. Eu estava em paz com qualquer resultado. Por acaso, esse distanciamento me deu a vantagem necessária para negociar os lotes com sucesso. Consegui fazer a compra, mas não senti alegria. O que senti foi uma determinação absoluta. O que estava diante de mim não seria fácil. Eu já havia dedicado uma parte muito grande de mim mesmo para explorar o que estava além de mim – agora iria dedicar tudo.

## 10

# Construindo uma cabana sagrada

Bob Gould e eu éramos amigos desde os primeiros dias do ensino médio. Ambos tínhamos nos mudado para a Flórida vindos do norte e éramos os alunos novos entrando no colégio. Fizemos amizade imediatamente e permanecemos bons amigos durante a faculdade. Bob era habilidoso, o tipo de cara que sempre se dava bem nas aulas de trabalhos manuais. Quando chegou a hora de construir uma cabana de meditação na minha terra, ele logo abraçou essa oportunidade.

Nem Bob nem eu jamais havíamos construído algo como uma cabana para alguém morar de verdade. Eu era bom com as mãos e tinha sido mecânico de carros esportivos enquanto estava no ensino médio. Mas, para construir uma casinha, nossas habilidades estavam muito aquém do necessário. Por isso procuramos um colega da faculdade, Bobby Altman. As credenciais de Bobby não eram ter construído uma casa, mas ter recém-terminado o mestrado em arquitetura. Pelo menos ele conhecia a teoria de como projetar e construir alguma coisa. Quão difícil seria erguer uma pequena cabana onde eu poderia ficar sozinho durante um tempo?

Aparentemente Bobby Altman não achou que seria difícil. Ele logo desenhou a planta da cabana, inclusive uma maquete em madeira. Lembro-me da primeira vez que vi o projeto. Achei que ele estivesse literalmente maluco. Não era apenas uma cabana pequena, simples, para uma pessoa meditar. Era uma casa em formato de cunha com uma espantosa fachada em vidro de 5 metros de largura por 6 de altura. Sendo bem sincero, o que eu tinha em mente era mais uma caixa com uma porta e algumas janelas. Como é que três jovens recém-formados, que jamais haviam construído coisa alguma, fariam aquilo?

Bobby Altman insistiu que seria fácil construir a casa. Eu não tive tanta certeza, mas Bob Gould estava totalmente dentro. Ele achava que seria um desafio divertido, nós três morarmos em barracas no terreno e trabalhar na construção. Lembro que eu não enxergava a coisa assim. Eu já enfrentava um desafio em tempo integral: voltar ao meu amado lugar de quietude e paz absolutas. Mas se era preciso construir aquela obra-prima arquitetônica para chegar lá... que assim fosse.

Nós nos entregamos à tarefa com o abandono da razão que pertence apenas aos jovens hippies e aos loucos. Foi uma experiência incrível. Eu tinha muito pouco dinheiro sobrando para construir o chalé de Bobby Altman. Para manter os custos no mínimo, os dois Bobs concordaram que podíamos usar madeira bruta em vez de tábuas compradas numa madeireira. Por vontade do destino, havia uma serraria a apenas alguns quilômetros do meu terreno, na beira da estrada: a Griffis Lumber & Sawmill. James Griffis e sua esposa eram verdadeiros sulistas do campo, e não cabeludos como nós três. Éramos alvo de olhares desconfiados de praticamente todo mundo sempre que íamos pegar madeira. Afora o cabelo comprido, nós chamávamos atenção por causa do que estávamos comprando. Começamos com as onze colunas de cipreste que formariam a estrutura da casa – árvores com 9 metros de altura. James Griffis deixou que a gente escolhesse as árvores mais retas direto do caminhão com as toras, assim que ele chegou. Olhamos os trabalhadores prender cada árvore na serra gigante e cortá-las até ficarem com 15 centímetros de cada lado, meio centímetro a mais ou a menos. Era um verdadeiro sentimento de volta à terra ver os velhos ciprestes se transformarem na coluna vertebral da minha casa.

Com o tempo o Sr. Griffis começou a se abrir conosco. Um dia ele convidou nós três para jantarmos na sua casa, ao lado da serraria. Foi fantástico, porque estávamos morando em barracas e cozinhando o que dava numa fogueira ao ar livre. Foi particularmente especial para mim, porque fazia quase seis meses que eu vinha morando na Kombi ou numa barraca. Não era apenas uma refeição caseira; o simples fato de entrar numa casa de verdade seria uma novidade para mim.

O lar dos Griffis era uma calorosa casa de campo. As paredes eram de cipreste, cortado muito tempo atrás, ali mesmo. A Sra. Griffis tinha preparado uma refeição sulista com muitos legumes, já que tinha ouvido falar que eu era vegetariano. As conversas foram calorosas e amistosas, e parecia que éramos todos da mesma família. A certa altura, o Sr. Griffis disse algo que jamais vou esquecer: "Antes de conhecermos vocês três, achávamos que os hippies eram as pessoas mais sujas, mais imundas da face da Terra. Vou dizer uma coisa: nós realmente passamos a amar vocês."

Era mais um daqueles momentos lindos que começaram a me fazer pensar: de onde vinham todas aquelas experiências inacreditáveis? De algum modo, experiências profundamente comoventes vinham dos lugares mais inesperados. Aquilo estava começando a me impressionar de verdade.

À medida que os dias se tornavam semanas, a casa começou a tomar forma. Assim que as paredes externas foram erguidas, já dava para sentir o espaço interno. Então Bobby Altman fez uma pergunta em que eu jamais havia pensado: quem de nós três faria a instalação elétrica? Apesar de nunca ter feito isso, eu me ofereci. Ele me entregou um livrinho sobre o assunto, de um dos seus cursos, e me deixou à própria sorte. Sua confiança na minha capacidade de instalar todo o sistema elétrico da casa me deixou atônito. Mas se ele achava que eu era capaz – então eu era. E fiz. Uma vez um grande mestre espiritual disse: "Todo dia tente abraçar o mundo com as pernas e consiga." A vida estava me ensinando lições muito importantes.

Pusemos piso de pinho em toda a casa, deques de cedro na frente e atrás, e contratamos um encanador para instalar tubos de ferro fundido, expostos, na área do banheiro. Nesse ponto a casa já havia ganhado vida própria e estávamos muito orgulhosos do que tínhamos feito. Para mim, o que havia começado como um projeto para construir rapidamente uma cabana de meditação simples acabou virando uma experiência única. Mas não era essa a experiência pela qual eu ansiava. Na verdade, eu queria apenas me recolher na solidão e trabalhar pelo único desejo do meu coração: paz, quietude e liberdade absolutas. Com a casa pronta, a hora para esse trabalho havia finalmente chegado.

*Novembro de 1971: eu só queria uma cabana minúscula para meditar – e veja o que a vida me proporcionou!*

*Casa pronta – tempo de solidão.*

## 11

# Ide a um mosteiro

Eu me mudei para a casa nova em novembro de 1971. Lembro que era novembro, porque, logo antes de me mudar, minha irmã, Kerry, e seu marido vieram de Miami me visitar no Dia de Ação de Graças. Foi muito corajoso da parte deles, considerando que eram pessoas normais. Harvey era um contador bem-sucedido, e ele e Kerry estavam acostumados com uma bela casa e condições de vida confortáveis. Quando apareceram, eu estava ocupado terminando a lista final de tarefas antes de me mudar da Kombi para a casa. Harvey me ajudou a instalar as últimas duas janelas e depois insistiu em fazermos o jantar de Ação de Graças. Isso significava se juntarem a mim do lado de fora, sentados em pedras, e cozinhar o que desse numa fogueira aberta. Pessoalmente, acho que eles tinham vindo checar se eu estava ao menos um pouquinho são. Fazia muito tempo que eu não tinha um número de telefone, e tenho certeza de que minha família estava preocupada comigo.

Assim que Kerry e Harvey foram embora, fiquei feliz em estar sozinho de novo na minha linda casa nova. Eu só queria um lugar simples para me concentrar totalmente nas minhas meditações. O que recebi foi um presente da mão invisível que havia assumido o controle da minha vida. Era assim que eu chamava aquilo na época: a mão invisível. Desde o início do meu despertar eu tinha implorado internamente por uma ajuda para saber quem eu era, quem era aquele que observava a voz da mente.

Desse ponto em diante, foi como se algo tivesse estendido a mão, me agarrado pelo rabo de cavalo e começado a me puxar para cima. Toda a minha vida exterior foi arrancada de mim num piscar de olhos. Então, conheci a beleza e a paz de um estado interior que ia além de qualquer coisa que eu já tivesse imaginado. Esse toque do além havia acendido uma chama no meu coração. Eu tinha um fogo ardendo no âmago do meu ser que jamais me deixava sozinho – nem por um momento. Era como um chamado, um convite para ir para casa. Nesse estágio do meu despertar, o único modo que eu conhecia para voltar a esse estado era abrir caminho voluntariamente através de mim mesmo com a disciplina intensa da meditação zen. Sentado na soleira da porta que se abria para o lugar lindo que a vida tinha me oferecido para eu realizar esse trabalho, baixei a cabeça, reverente. Esse era o meu templo, meu mosteiro, e eu prometi usá-lo bem.

Fiquei muito surpreso ao descobrir que o estilo de vida monástico me vinha com muita naturalidade. Acordava todas as madrugadas às três e ficava algumas horas sentado em meditação. Depois fazia uma caminhada contemplativa pelos campos. Naqueles primeiros dias, eu ainda me agarrava à noção de que tudo tinha a ver com concentração e foco. Quando andava, tinha uma consciência aguda de cada passo que dava e de cada movimento do meu corpo. Isso me ajudava a prolongar a paz que sentia com a meditação matinal. Depois fazia posturas de yoga do lado de fora até a hora da meditação do meio-dia. Eu mantinha a corda da autodisciplina muito esticada, diariamente. Era um estilo de vida bastante rígido, muito diferente de qualquer coisa que eu já havia experimentado. Mas assim como um atleta se dispõe a dar tudo, todo dia e toda noite, treinando para a Olimpíada, eu estava disposto a dar tudo, a cada momento, para deixar para trás a parte de mim que me segurava, impedindo que eu fosse para onde queria tanto ir.

Não demorei muito até notar que a comida tinha um grande

efeito nas minhas práticas. Quanto menos eu comia, mais fácil era entrar num estado meditativo. Assim, testei os limites para ver até que ponto eu conseguia ficar sem comer. O equilíbrio que alcancei consistia em um pequeno jantar de salada dia sim, dia não e, nesse meio-tempo, jejum. Minha intenção era abrir mão do máximo possível de coisas que puxassem minha atenção para fora. Isso permitiria que eu me concentrasse completamente nos estados interiores mais profundos.

Minha rotina noturna começava ao pôr do sol. De algum modo, o sol poente afetava intensamente a força que me puxava para a meditação. Eu já estava na minha almofada de meditação sempre que o sol começava a se pôr. Depois de algumas horas meditando, subia a escada para dormir. Não tinha despertador; acordava naturalmente às três da madrugada para recomeçar esse regime.

Não sei de onde tirei a ideia de que, se mantivesse a corda esticada o suficiente, meu eu inferior iria embora e me deixaria em paz. Mas foi assim que vivi durante cerca de um ano e meio. A parte de mim que havia dominado todo o meu modo de vida anterior não tinha lugar na minha vida nova, e a cada dia ela lutava menos e menos. A minha parte pessoal barulhenta e exigente não foi embora – apenas se resignou diante dessa disciplina intensa. Achei que essa coisa toda funcionava muito bem, mas logo veria que eu estava muito enganado.

## 12

# Quando o discípulo está pronto, o mestre aparece

A não ser para os trabalhos escolares, a leitura de livros nunca tivera um papel importante na minha vida. Mas, assim como *Os três pilares do zen* havia aparecido exatamente quando eu estava pronto para ele, outro livro chegou a mim logo antes de me mudar para minha casa. Foi um presente de Bob Merrill, um amigo que, como eu, se interessava muito por yoga e meditação.

Um dia, enquanto eu ainda morava na Kombi, Bob me deu um livro chamado *Autobiografia de um iogue*, de Paramahansa Yogananda, um homem santo da Índia. Lembro que tentei começar a ler o livro na mesma noite, mas depois de algumas páginas precisei largá-lo. Não porque não tivesse gostado, mas porque cada palavra que eu lia ficava me atraindo para um estado meditativo tão profundo que eu não conseguia continuar lendo. Tentei de novo na noite seguinte. Aconteceu a mesma coisa. Não entendi o que estava havendo, mas sem dúvida fiquei intrigado com a experiência. Decidi guardar o livro até me mudar para a casa nova. Agora que tinha me mudado e entrado naquele intenso estilo de vida meditativo, era hora de ler esse livro misterioso.

Um capítulo após o outro, o livro foi me transportando para um mundo que deveria ser muito estranho para mim. Mas, com todos os acontecimentos transformadores que eu vinha experimentando, eu conseguia me identificar um pouco com a história de vida do santo indiano. Ficou muito claro para mim que eu havia meramente molhado o dedão do pé no oceano em que Yogananda nadava. Ele era um mestre de todo o campo de conhecimento e das experiências que eu buscava. Pude sentir isso no âmago do meu ser. Yogananda tinha ido muito além do meu além e jamais havia retornado completamente. Ele aprendera a existir naquele estado e ao mesmo tempo estar presente, interagindo com o mundo. Eu tinha encontrado meu mestre.

Apesar de sentir um alívio imediato por não estar mais sozinho na minha jornada interior, algumas áreas de tensão precisavam ser elaboradas. Para começo de conversa, a palavra *Deus* não fazia parte do meu vocabulário cotidiano. Yogananda usava essa palavra tão livremente quanto o fluxo da sua respiração, mas também com um sentimento de devoção intensa, capaz de tirar o fôlego. A paixão de Yogananda ficava evidente nas canções que ele escreveu:

*Meu coração está em chamas e minha alma se incendeia –*
*só por Você, Você, Apenas Você.*

Curiosamente, eu conseguia me identificar com isso. Desde que havia tocado aquele lugar de extrema beleza dentro de mim, meu coração também estava em chamas. Na verdade, eu tinha perdido o interesse por todas as outras coisas. Só queria meditar para tornar a ir além de mim mesmo. Eu conseguia me relacionar com Deus como algo associado àquele lugar escondido lá no fundo dentro de mim. Meu estudo do zen me ensinou que o Buda passou pela quietude e pela paz absolutas em seu caminho para o *nirvana*. Eu tinha ouvido dizer que Cristo falou que *o Reino está dentro de você*, e sabia que a Bíblia falava de *uma paz além de toda a compreensão*. Sabia da existência de um lugar assim dentro de mim, onde a paz era tão profunda que havia transformado completamente a minha vida.

Outra palavra com a qual eu não conseguia me identificar

a princípio era *Espírito*. Eu achava que essa fosse uma palavra cristã, no entanto Yogananda a usava o tempo todo. Ele falava em invocar o Espírito e senti-lo pulsando através de si. Relatava ocasiões em que erguia as mãos e sentia o Espírito se mover para dentro e para fora delas. Será que ele poderia estar se referindo àquele poderoso fluxo de energia que eu vinha experimentando desde minha meditação profunda? Frequentemente eu sentia aquele campo de energia fluir do ponto entre os meus olhos, descer pelos braços e sair pelo centro das palmas das mãos. Será que Espírito poderia ser outra palavra para esse fluxo de energia interior? Será que aquele ponto focal entre minhas sobrancelhas poderia ser a localização do que Yogananda chamava de *Terceiro Olho* ou *Olho Espiritual*? Comecei a perceber cada vez mais que conseguia me identificar pessoalmente com os ensinamentos de Yogananda.

*Autobiografia de um iogue* mudou minha visão sobre tudo que vinha acontecendo comigo. Assim que terminei de ler o livro, Deus não era mais apenas uma palavra para mim. Representava o lugar aonde eu queria ir. Eu tinha começado essa jornada querendo saber quem eu era, quem era aquele que observava a voz da mente. Agora eu percebia que os grandes santos e mestres de todas as tradições religiosas tinham ido além de seu eu pessoal para encontrar seu eu espiritual. Yogananda chamava isso de *autorrealização*, ou iluminação. Que palavra perfeita para tudo que eu desejava naquele ponto da minha vida! Eu queria iluminar a natureza daquele que observa – meu eu mais interior e verdadeiro.

Bob Merrill tinha me contado que estava fazendo aulas da Self-Realization Fellowship, a organização fundada por Yogananda nos Estados Unidos. Yogananda tinha deixado o corpo em 1952, mas tivera a gentileza de oferecer seus ensinamentos na forma de aulas semanais. Eu tinha ouvido falar de noivas encomendadas pelo correio, mas nunca de um guru encomendado pelo correio.

Fiz a inscrição imediatamente e integrei as aulas nas minhas práticas regulares. Lembro que mais ou menos naquela época decidi ler a Bíblia. Eu nunca tinha lido o Novo Testamento. Achei muito inspirador, e boa parte dos ensinamentos se alinhava completamente com o que eu vinha experimentando na meditação. Por exemplo, havia a ideia de que você precisa morrer para renascer. Era exatamente isso que eu estava tentando alcançar, a morte do pessoal para renascer no espiritual. Coloquei imagens de Cristo e de Yogananda no altar onde eu meditava. Queria aprender com eles. Eu estava começando a me dar conta de que não conseguiria trilhar o caminho sozinho. Eu precisava de ajuda.

# PARTE II

# O grande experimento tem início

# 13

# O experimento de uma vida inteira

Até então, todo o meu caminho em direção à liberdade interior se concentrava nas minhas meditações. Era para onde eu ia para me preencher com um profundo sentimento de paz e serenidade. E isso estava funcionando, até certo ponto. Eu era capaz de me sentar durante horas com um lindo fluxo de energia me elevando, mas não conseguia atravessar até o ponto aonde ansiava por chegar. Além disso, minha mente pessoal sempre retornava assim que eu me levantava e começava a realizar minhas atividades. Eu precisava de ajuda, e ela um dia surgiu num clarão. Percebi que talvez eu estivesse fazendo a coisa do modo errado. Em vez de tentar me libertar constantemente aquietando a mente, talvez eu devesse perguntar por que a mente era tão ativa. Qual era a motivação por trás de todo aquele falatório mental? Se essa motivação fosse removida, a dificuldade desapareceria.

Essa percepção abriu a porta para uma dimensão completamente nova e emocionante das minhas práticas. À medida que eu explorava meu interior, a primeira coisa que notei foi que a maior parte da atividade mental girava em torno dos meus gostos e aversões. Se minha mente tivesse uma preferência a favor ou contra alguma coisa, ela falava ativamente sobre isso. Dava para ver que eram essas preferências mentais que criavam boa parte do diálogo constante sobre como controlar tudo na minha vida. Numa tentativa ousada para me libertar de tudo aquilo, decidi parar de ouvir todo o falatório sobre minhas preferências pessoais e, em vez disso, adotar a prática voluntária de aceitar o que o fluxo da vida me apresentava. Talvez essa mudança de foco aquietasse as coisas dentro de mim.

Comecei essa nova prática com algo muito básico, o clima. Seria mesmo tão difícil assim apenas deixar chover quando chovesse e fazer sol quando fizesse sol, sem reclamar? Pelo jeito a mente não consegue fazer isso:

> *Por que tinha que chover hoje? Sempre chove quando eu não quero. Tinha a semana toda para chover. Não é justo.*

Substituí todo esse ruído sem sentido por:

> *Olha que lindo: está chovendo.*

Achei essas práticas de aceitação muito poderosas, e elas de fato serviram para aquietar a mente. Então decidi ir um pouco mais longe e ampliar o alcance dos eventos que eu aprenderia a aceitar. Lembro-me claramente de ter decidido que, a partir de agora, se a vida se desenrolasse de um determinado modo e o único motivo para eu resistir fosse alguma preferência pessoal, eu abriria mão da minha preferência e deixaria a vida assumir o controle.

Sem dúvida, para mim esse era um território desconhecido. Onde eu iria parar? Se minhas preferências não me guiassem, o que aconteceria comigo? Essas perguntas não me amedrontavam, elas me fascinavam. Eu não queria estar no controle da minha vida – queria estar livre para voar muito além de mim mesmo. Comecei a ver tudo isso como um grande experimento. O que aconteceria comigo se, por dentro, eu abrisse mão da minha resistência e deixasse o fluxo da vida assumir o comando? As regras do experimento eram muito simples: se a vida colocasse acontecimentos diante de mim, eu iria tratá-los como se tivessem vindo para me levar além de mim mesmo. Se meu eu pessoal reclamasse, eu usaria cada oportunidade para abrir mão dele e me entregar ao que a vida me apresentava. Esse foi o nascimento do que passei a chamar de "o experimento da entrega incondicional", e eu estava totalmente preparado para ver aonde aquilo iria me levar.

Você pode achar que só um louco tomaria uma decisão dessas. Mas, na verdade, eu já havia experimentado algumas coisas incríveis que o fluxo da vida tinha feito por mim. Eu havia testemunhado em primeira mão o que acontecera quando me entreguei aos eventos sutis que me levaram às colinas do México e depois àquelas experiências maravilhosas com os aldeões mexicanos. Quando voltei aos Estados Unidos, fui levado à minha linda nova propriedade, e veja o que aconteceu com a casa. Eu só queria construir uma cabana simples, e isso acabou se tornando uma experiência inesperadamente rica. Para mim estava claro que eu não tinha feito essas coisas – *elas haviam acontecido comigo*. De fato, se eu não tivesse aberto mão da minha resistência mental inicial, nenhuma delas poderia ter se concretizado. Eu tinha passado a maior parte da vida achando que sabia o que era bom para mim, mas a própria vida parecia saber melhor que eu. Eu colocaria à prova essa suposição de que as coisas não são aleatórias. E estava disposto a lançar os dados e deixar o fluxo da vida assumir o comando.

# 14

# A vida assume o comando

Entregar-me ao fluxo da vida pode ter parecido uma decisão ousada, mas a verdade é que eu não estava tão exposto assim aos desafios da vida. Afinal de contas, passava a maior parte dos dias sozinho nas minhas terras, solitário. Mas havia uma exceção. Oficialmente eu ainda estava fazendo o doutorado, até terminar a qualificação e a tese. Isso significava que continuava com uma bolsa da universidade e era responsável por lecionar uma matéria de micro ou macroeconomia por semestre. Em geral minhas aulas aconteciam três vezes por semana, durante uma hora. Eu fazia as práticas de yoga da manhã e do meio-dia, corria para a cidade para dar aula e depois voltava correndo para casa. Duvido que eu fosse uma pessoa agradável naqueles dias – eu era totalmente antissocial. A não ser que um aluno tivesse alguma pergunta depois da aula, eu fazia o máximo para não conversar com ninguém. Sempre usava as mesmas roupas: jeans e uma camisa de brim de manga comprida. Meu cabelo era preso num rabo de cavalo e eu sempre calçava sandálias ou ia descalço. Isso pode parecer compreensível no departamento de filosofia, mas aqueles eram cursos básicos numa escola de administração no sul do país. O departamento só me tolerava porque eu era um professor muito popular e meus alunos se saíam muito bem nas provas.

Vou contar uma aula específica em que passei do ponto. Meu desafio comigo mesmo era ver se eu conseguia ir de carro até a cidade, dar a aula, voltar e manter o tempo todo a mente razoavelmente quieta. Para isso eu precisava retornar ao estado meditativo em vários momentos do dia. Fazia uma prática de yoga no campo antes de sair e alguns exercícios de respiração controlada na Kombi antes de ir para a sala. Chegava a fazer uma pausa para aquietar a mente, de pé diante da turma, antes de começar e terminar a aula. Nesse dia específico, cheguei de Kombi, fiz alguns exercícios de respiração e entrei num grande auditório lotado. Por algum motivo, eles começaram a assobiar e a me passar cantadas quando entrei. Demorei um momento para voltar à terra por tempo suficiente para perceber que, ao me levantar do tapetinho de yoga em casa, vestira os jeans, mas me esquecera de colocar uma camisa. Eu estava ali de pé, descalço e seminu. Isso não me perturbou – simplesmente perguntei se a turma queria cancelar a aula ou continuar assim mesmo. A reação foi unânime, então dei a tal aula de macroeconomia sem ligar para a minha vestimenta – ou a falta dela.

Meses e meses se passaram enquanto eu seguia meu estilo de vida rígido de meditação. Eu deveria estar usando esse tempo para me preparar para a qualificação do doutorado. Desnecessário dizer que não tinha aberto um único livro e não tinha a menor intenção de fazer isso. Aquela parte da minha vida estava acabada. Ou pelo menos era o que eu pensava.

Um dia, depois de terminar de dar a aula de economia, o Dr. Goffman me encontrou no corredor e disse que queria falar comigo. A voz na minha cabeça disse imediatamente que agora eu estava encrencado. Ele ainda era chefe do departamento, e com certeza tinha ouvido falar do incidente da aula sem camisa. Como sempre, a voz estava errada.

O Dr. Goffman começou a falar que tinha recebido um telefonema do palácio do governador em Tallahassee. Parece que os poderes constituídos tinham decidido construir uma das maiores faculdades comunitárias em Gainesville. Para isso precisavam de um líder poderoso que não somente pudesse cuidar das responsabilidades educacionais, mas também do levantamento de verbas e da administração financeira. Tendo isso em mente, o comitê havia escolhido um dos principais banqueiros do estado para ser presidente da recém-expandida Santa Fe Community College. Durante todo o tempo em que o Dr. Goffman falava, minha mente ficava dizendo: *Por que ele está me contando isso? O que isso tem a ver comigo? Eu deveria estar voltando para casa.*

Logo tive a resposta. A lei da Flórida exigia que o presidente de uma faculdade comunitária fosse doutor. O banqueiro que o comitê havia escolhido, Alan Robertson, não tinha Ph.D. Assim, o que eles decidiram fazer? Ajudá-lo a obter o título por meio de uma parceria com um excelente aluno de doutorado que tivesse uma formação acadêmica parecida. Por mais incrível que pareça, o aluno de doutorado que eles haviam escolhido era eu.

A voz na minha cabeça pirou de vez. Observei-a gritando lá dentro: *Não! Não tenho como fazer isso. Eu deixei tudo isso para trás. Preciso dedicar meu tempo às minhas práticas. De jeito nenhum vou começar a pegar todos os meus livros de economia – não quero mais saber disso.* No meio de todo esse protesto, lembrei-me do compromisso recente de me entregar ao que a vida colocasse diante de mim. A voz que eu estava observando não era o meu conselheiro espiritual – era meu fardo espiritual. Aquela era a oportunidade perfeita para tirá-la do assento do motorista.

Enquanto isso, o Dr. Goffman esperava uma resposta. Mas as palavras de aceitação que eu estava tentando dizer se recusavam a sair dos meus lábios. Por fim me ouvi dizendo em voz alta: "Sim, seria um prazer ajudar. Vou orientá-lo."

Naquele momento a sorte estava lançada. O grande experimento de entrega tinha realmente começado.

Eu não estava mais no comando da minha vida.

# 15

# O príncipe e o mendigo

Orientar Alan Robertson não mudou meu estilo de vida tanto assim. Nós organizamos a programação de modo que, sempre que eu fosse à cidade dar aula, passaria algumas horas com Alan. Nós nos reuníamos na sala do reitor no antigo campus da Santa Fe, perto da universidade. Formávamos uma dupla e tanto. Alan era um banqueiro muito bem-sucedido, vestia terno com colete, e eu era um iogue de rabo de cavalo, calça jeans e sandálias. Eu não tinha ideia do que esperar, mas Alan acabou se mostrando uma pessoa excepcionalmente calorosa e de mente aberta. Além disso, estava muito grato pela minha ajuda.

Isso não quer dizer que não houvesse momentos constrangedores. O primeiro choque de cultura foi com relação ao pagamento pelos meus serviços. Eu disse que não queria ser pago para orientá-lo. Ele insistiu, mas eu recusei. Então ele argumentou que era um banqueiro bem-sucedido e agora reitor de uma faculdade, e eu era um estudante vivendo com uma bolsa de 250 dólares por mês. Era verdade. Mas também era verdade que eu tinha gastado tudo que possuía comprando a terra e construindo a minha casa. Mesmo assim eu estava dando aulas a ele como um ato de entrega ao fluxo da vida e não queria ser pago por isso.

Com o tempo Alan aceitou nosso relacionamento em termos não comerciais e nos tornamos bons amigos. Às vezes ele ia à minha casa para estudar e fazíamos longas caminhadas juntos. Ele gostava de ouvir sobre meu estilo de vida diferente e eu gostei de conhecer o homem muito especial que havia por trás do terno de banqueiro. Algumas vezes até aceitei o convite de sua esposa para jantar na casa deles. Comecei a ver todo o meu relacionamento com Alan como mais um presente mágico da vida, apesar da minha resistência inicial.

Alan tinha progredido o suficiente no doutorado para fazer as provas de qualificação. Ele me surpreendeu ao propor que eu também fizesse as minhas. Eu não tinha o menor interesse nisso, especialmente porque só havíamos nos preparado para duas das minhas três principais áreas de estudo. Mas me entreguei aos desejos dele. Fiz a inscrição para as duas provas para as quais tínhamos estudado e planejei deixar a terceira para outra ocasião – se é que isso aconteceria. Quando recebi a resposta da universidade, a administração, por engano, tinha me inscrito nas três provas. Agora o que eu deveria fazer? Entregar-me a isso também?

Comecei a me observar para entender por que a terceira prova me ameaçava tanto. Eu não tinha intenção de terminar o doutorado, então por que isso importava? O que descobri foi que era simplesmente o medo de fracassar aos olhos dos outros. Eu sabia que, se fizesse a prova de finanças públicas, um campo para o qual estava totalmente despreparado, fracassaria. Essa perspectiva de fracasso me perturbou e colocou a voz interna num diálogo ininterrupto sobre como evitar a prova. Que ótima oportunidade de me livrar daquela parte de mim! Então passei a ver o erro da administração não mais como um problema, mas como um desafio para abrir mão de mim mesmo mais ainda. Por isso decidi fazer as três provas e aceitar de bom grado a experiência de fracassar na terceira.

As duas primeiras correram com tranquilidade. Eu tinha trabalhado muito com Alan naquelas áreas, por isso conhecia o material razoavelmente bem. À medida que o dia da terceira prova se aproximava, preparei o coração para o inevitável. Eu iria fazer a prova e deixar, de modo voluntário, que uma parte de meu ego sofresse uma morte dolorosa.

O que acabou acontecendo me mudou pelo resto da vida. Na véspera da prova, eu me permiti pegar o livro de finanças públicas pela primeira vez. Levei o livro enorme para fora e o coloquei ao meu lado enquanto fazia a prática de yoga. Quando terminei as posturas, me senti calmo, tranquilo e totalmente preparado para a provação do dia seguinte. Como se quisesse examinar a espada sobre a qual iria cair, abri o livro num ponto aleatório. Li as duas páginas que apareceram na minha frente. Fiz esse ritual três vezes antes de levantar o livro para o céu, como sinal da minha disposição a me entregar.

No dia seguinte observei com atenção para ver o que aquela voz tinha a dizer. Fiquei surpreso ao me sentir muito tranquilo com relação ao que aconteceria. Depois da meditação matinal, peguei o livro de novo e o abri numa página aleatória outra vez. Por acaso era um dos três lugares em que eu o havia aberto no dia anterior. Revisei o gráfico complexo na página e recoloquei o livro na estante pela última vez.

Mais tarde, naquela manhã, estacionei do lado de fora da faculdade de administração e meditei por um tempo antes de entrar. Ainda me sentia muito calmo por dentro. Havia apenas um sentimento de resignação tranquila. Lembro-me de ter sentido que eu tinha passado no verdadeiro teste: havia provado que era capaz de me entregar profundamente se a vida me apresentasse algo que eu de fato não queria fazer.

Subi para o departamento de economia e a assistente me entregou a prova. Enquanto eu a pegava, olhei as seis perguntas, das quais precisaria responder a três. Fiquei imediatamente imóvel e lágrimas começaram a brotar nos meus olhos. Três das perguntas eram exatamente sobre os três pontos em que eu tinha aberto o livro ao acaso, no dia anterior. Fiquei perplexo. Permaneci ali por um tempo enorme, quase sem conseguir respirar.

Como podia ser? Tinha acontecido de novo. Em nome de transcender a mim mesmo, eu havia me entregado e encarado meus temores pessoais de bom grado. E no último momento, em vez do inferno que estava certo de que iria encontrar, fui elevado ao céu.

Entrei na sala designada e escrevi e escrevi. As sementes da inspiração estavam muito frescas na minha mente. Consegui até reproduzir e enfeitar um pouco o gráfico que eu tinha visto duas vezes. Entreguei os cadernos e fui para casa num estado mental muito diferente do que havia esperado. Enquanto dirigia a Kombi para a prova, tinha sentido que a vida me pedia para deixar uma parte de mim morrer naquele dia. Mas agora percebia que a vida estava pedindo que eu saísse do caminho e deixasse que ela fizesse o que sabia fazer. Fiquei feliz demais por ter me disposto a correr esse risco.

Alguns dias depois fui chamado pelo Dr. Goffman e elogiado pela excelência da minha prova sobre finanças públicas. Esse reconhecimento do diretor do departamento deveria ter me agradado, mas em vez disso me deixou com uma sensação de culpa. Contei toda a história e perguntei a ele se, de algum modo, eu tinha feito alguma coisa errada. O Dr. Goffman se levantou, pôs a mão no meu ombro e disse para eu parar de ser tão modesto. E em seguida me conduziu para fora da sala.

## 16

# Seguindo o invisível até o desconhecido

Na primavera de 1972, sem nenhuma intenção de fazer isso, eu tinha terminado o curso e as provas de qualificação do doutorado. Tudo que me restava era escrever a tese. Eu sabia que isso jamais aconteceria, então não pensei duas vezes no assunto. As meditações e o yoga eram as únicas coisas que importavam.

Apesar de ter avançado consideravelmente nas práticas, eu ainda sentia que alguma coisa me retinha. Comecei a acreditar que a resposta estava na prática de Kriya Yoga, uma técnica especial de meditação ensinada por Yogananda. O problema era que você precisava receber as lições durante um ano antes de ser autorizado a aprendê-la. Decidi pedir à Self-Realization Fellowship uma iniciação precoce à prática de Kriya Yoga.

Naquela época, eu não recebia praticamente nenhuma correspondência. Portanto fiquei surpreso algumas semanas mais tarde, quando recebi duas cartas no mesmo dia: uma da Self-Realization Fellowship e a outra de uma organização da qual nunca tinha ouvido falar. Fiquei muito entusiasmado para saber qual era a resposta da Fellowship, então abri essa carta primeiro. Meu coração ficou partido. Eu precisaria esperar mais seis meses para aprender a técnica do Kriya Yoga. Não poderia fazer nada, a não ser abrir mão da minha reação. Respirei fundo e abri a outra carta. Com uma olhada, toda a minha decepção desapareceu. Dentro havia um panfleto dizendo em letras grandes, em negrito:

### Aprenda Kriya Yoga neste verão com um discípulo direto de Paramahansa Yogananda

Fiquei perplexo de novo. Nunca tinha ouvido falar daquelas pessoas. Parecia ser uma comunidade de yoga famosa na Califórnia, mas eles não tinham como me conhecer ou conseguir meu endereço. Eu era um eremita morando numa floresta da Flórida. Como aquelas duas cartas perfeitamente entrelaçadas puderam ir parar na minha caixa de correio ao mesmo tempo?

Não importava qual fosse a resposta para essa pergunta intrigante, eu sabia aonde deveria ir naquele verão: a uma comunidade espiritual no norte da Califórnia. Não é difícil seguir a orientação quando ela é tão óbvia assim. Mas meu compromisso em deixar que a vida assumisse o comando enfrentaria mais alguns desafios antes que eu partisse para a minha aventura no oeste.

Pouco tempo depois do incidente das cartas, o Dr. Goffman me contatou para dizer que Alan Robertson estava tentando falar comigo. Eu não falava com Alan desde que nós dois tínhamos passado nas provas. Entrei em contato com ele e fiquei sabendo que haviam terminado a construção do novo campus da faculdade comunitária de Santa Fe. Alan estava montando o corpo docente para as primeiras turmas e queria que eu desse aulas, mesmo que apenas em meio período. Fiquei muito calado. Não tinha absolutamente nenhum interesse em lecionar na faculdade comunitária de Santa Fe nem em qualquer outra instituição. Minha única intenção era continuar fazendo cada vez mais práticas espirituais até permanecer sempre conectado aos lugares lindos que tinha descoberto dentro de mim. Tentei dizer isso a Alan, mas ele não quis ouvir. Por fim ele falou: "Não estou pedindo, estou mandando." Minha boca ficou seca enquanto eu pronunciava as palavras que meu coração não queria dizer: "Sim, senhor. Vou dar aulas lá, em meio período. O que preciso fazer?"

*Entrega* – que palavra espantosamente poderosa! Ela costuma suscitar a ideia de fraqueza e covardia. No meu caso era necessária toda a força que eu possuía para ter a coragem de seguir o invisível até o desconhecido. E era exatamente isso que eu estava fazendo. Não que a entrega me mostrasse com clareza para onde eu estava indo – eu não fazia ideia de para onde iria me levar. Mas ela me deu a clareza numa área essencial: minhas preferências pessoais com relação aos meus gostos e aversões não guiariam minha vida. Ao abrir mão do domínio que essas forças poderosas tinham sobre mim, eu estava permitindo que minha vida fosse guiada por uma força muito maior: a própria vida em si.

Nesse estágio do meu crescimento, eu podia ver que a prática da entrega acontecia em duas etapas muito distintas: primeiro você abre mão das reações pessoais a gostos e aversões que se formam dentro da mente e do coração. Em segundo lugar, com a clareza que resulta daí, você simplesmente olha o que está sendo pedido pela situação que se desenrola à sua frente. O que você faria se não estivesse sendo influenciado pelas reações de gosto e aversão? Seguir essa orientação mais profunda levará sua vida numa direção muito diferente daquela em que suas preferências iriam levá-lo. Este é o modo mais claro que tenho para explicar meu experimento de entrega incondicional, e se tornou a base para a minha vida tanto espiritual quanto mundana.

# 17
# Minha primeira entrevista de emprego

Eu tinha passado a maior parte da vida estudando e, a não ser pelo tempinho que trabalhei como mecânico de carros esportivos depois das aulas no ensino médio, só tivera empregos de verão. Nunca havia participado de uma entrevista de emprego. E Alan organizou uma reunião com a diretora de um programa para discutir meu cargo na faculdade.

No dia da entrevista, cheguei com minhas vestimentas normais: jeans, camisa de brim e sandálias. O campus da Santa Fe no centro da cidade tinha sido bastante liberal, mas eu não fazia ideia de como eram as coisas no novo campus, cujo reitor seria Alan. A diretora do programa começou perguntando o que eu gostaria de ensinar. Achei que eu deveria dar uma resposta sincera. Disse a ela, então, que gostaria de ensinar o que vinha aprendendo sobre aquela voz dentro da nossa cabeça. Queria que os alunos entendessem que não precisavam dar ouvidos àquele falatório incessante, que tinham a liberdade de viver a partir de um lugar muito mais profundo dentro de si mesmos. Também falei que gostaria de ensinar aos estudantes que eles estão num planeta minúsculo que gira pelo espaço e que deveriam aproveitar a viagem. Para meu espanto, a reação dela foi responder que a única matéria disponível que poderia permitir um currículo assim era uma aula de ciências sociais de nível básico. Essa matéria era obrigatória para todos os calouros, e ainda faltava um professor para um terço das turmas. Ela explicou que, se eu pegasse essas turmas, teria um cargo de meio período na faculdade. Aceitei a proposta e ela programou para eu dar minha primeira aula em setembro, quando o novo campus seria oficialmente inaugurado.

Que fluxo de acontecimentos! Primeiro a vida me diz para passar o verão na Califórnia, depois me diz o que fazer quando voltar. Tudo estava se desenrolando por conta própria. Eu só estava de carona. Realmente não tinha ideia do que iria transmitir naquela matéria quando setembro chegasse. Eu nunca havia ensinado a ninguém o que eu estava aprendendo, quanto mais a uma turma inteira. Meu eu pessoal começou a se sentir inseguro com relação à coisa toda. Para dar um jeito nele, estabeleci as regras básicas: não dedicaria um único pensamento às aulas ou ao que seria ensinado até chegar a hora de entrar em sala. Eu pretendia chegar à primeira aula com a mente vazia. Queria que fosse como aquela vez em que escrevi um texto totalmente por inspiração. Vamos apenas entrar na sala e ver o que surge.

Com essas intromissões do mundo exterior começando a roubar pequenos pedaços do meu tempo, eu dava mais valor ainda ao tempo que passava sozinho na minha propriedade. Mesmo assim as pessoas arrumavam um jeito de me encontrar, apesar de todos os esforços para proteger minha solidão. Foi o que aconteceu com Sandy Boone, uma mulher que gostava de meditação budista e da vida ao ar livre. Não me lembro de onde ela saiu, mas um dia apareceu e começou a fazer caminhadas no meu terreno. Ela tinha o cuidado de respeitar minha privacidade; só queria estar na natureza e meditar ao ar livre. Tudo bem, até que ela perguntou se poderia armar sua barraca no ponto mais distante da propriedade para fazer um pouco de meditação. Eu não queria permitir, mas quem era eu para impedir alguém de meditar? Até que ela tomou coragem suficiente para perguntar se podia se juntar a mim para meditar nas manhãs de domingo, só por uma hora. Lembro claramente que só aceitei seu pedido porque a voz na minha cabeça resistiu demais à ideia.

Com o tempo Sandy começou a trazer alguns amigos para as meditações das manhãs de domingo. A princípio eram três, depois seis, em seguida dez. Não gostei nem um pouco disso, mas não tinha o direito de impedir. Eu costumava ficar meditando no andar de cima enquanto os hóspedes se reuniam no andar de baixo. Assim, na primavera de 1972, tiveram início os encontros matinais na casa do Mickey – uma tradição que se manteve todos os domingos, ao longo de mais de quarenta anos.

Enquanto isso, o verão se aproximava e estava na hora de começar a me preparar para a viagem à Califórnia. Pensei em acampar com a Kombi na comunidade espiritual durante três ou quatro semanas e voltar a tempo para as aulas. A viagem demorou uns dez dias porque continuei com todas as sessões de meditação no caminho. Quando cheguei lá, encontrei um ambiente muito rural, com uma vastidão de terreno e muitas cabanas pequenas, rústicas. As pessoas pareciam do tipo "de volta à terra", e eu me encaixei imediatamente. Durante a matrícula notei crachás especiais para os hóspedes que queriam praticar o silêncio. Eu não tinha interesse em conhecer pessoas nem em fazer novos amigos – isso seria apenas uma distração do meu trabalho interior. Então decidi usar a viagem para levar minhas práticas um passo além e alcançar um nível de mais rigidez ainda: eu permaneceria em silêncio total durante a visita.

Não havia áreas de acampamento disponíveis perto do templo, por isso simplesmente parei a Kombi no estacionamento de terra mais próximo. Era ali que eu moraria nas semanas seguintes. Depois de me instalar, comecei a fazer a prática de yoga e a meditação da tarde no templo. Mesmo estando acostumado a ficar sozinho, percebi de imediato que me sentiria bem ali durante aquele tempo. Aquelas pessoas me entendiam e me deixariam fazer minhas práticas em paz. Continuei jejuando três vezes por semana, e quando comia minha salada me sentava sempre sozinho. Eu não era exatamente do tipo sociável, mas comparecia à meditação da tarde e aos programas de cânticos no templo. Na verdade, foi lá que ouvi pela primeira vez os cânticos orientais. Como estava em silêncio, eu não cantava, mas conseguia sentir a elevação da energia na sala.

As coisas teriam continuado assim durante toda a estadia – não fosse por um sonho que tive. Eu quase nunca sonhava e, quando isso acontecia, os sonhos não pareciam ter nenhum significado profundo. Certa noite tive um sonho lúcido fenomenal que causou um efeito extraordinário em mim. Sonhei que estava fazendo uma caminhada zen intensamente concentrado, colocando um pé na frente do outro, com muita atenção, enquanto me dirigia devagar para a entrada de uma caverna. Eu entrava na caverna sem nenhum incidente e ia para a escuridão que se estendia diante de mim. Quando ficava escuro demais, eu pegava uma tocha de madeira presa à parede lateral. Depois de acendê-la, continuava como antes. Até notar que o ar estava ficando cada vez mais rarefeito à medida que eu ia mais fundo na caverna. Havia um sentimento de propósito quase amedrontador: eu iria explorar aquela caverna desconhecida até encontrar o que estava procurando. Nada iria me impedir.

Então começava a ver uma luz fraca ao longe. Nenhum pensamento passava pela minha mente, mas de modo intuitivo eu sabia que era para lá que estava indo. À medida que me aproximava, dava para ver que a luz vinha de cima e iluminava a caverna. Quanto mais perto eu chegava da fonte de luz, mais rarefeito o ar se tornava. Eu mal conseguia respirar. Mas continuava andando. A experiência era semelhante ao que costumava acontecer nas minhas práticas. Nas minhas meditações, quanto mais fundo eu ia, mais lenta ficava minha respiração – até que ela parava de fluir. Não sei quanto tempo eu permanecia naquele estado, sem respirar, mas voltava ofegando. Num determinado ponto, minha caminhada pela caverna se tornava muito semelhante a esse estágio das meditações.

Eu estava quase lá. Dava para ver os raios de luz jorrando no piso da caverna logo à frente. A ponto de desmaiar pela falta de oxigênio, eu encontrava força de vontade suficiente para dar aquele último passo em direção à luz. Eu me virava para cima, para subir para a luz, mas minhas mãos batiam numa grade de metal no teto da caverna. Não havia como sair.

Nenhum pensamento entrou na minha mente. Nenhum suspiro saiu dos meus lábios. Com o mesmo sentimento férreo de propósito que tinha me levado para a caverna, eu dava meia-volta e começava a retornar. Havia apenas a percepção de que eu precisaria encontrar outro caminho.

## 18

## Soltando a corda

Despertei daquele sonho transformado. Num nível muito profundo, meu modo de pensar havia se modificado. Pela primeira vez questionei se cada vez mais disciplina iria me levar aonde eu queria tanto chegar. Sentado sozinho na Kombi naquela manhã, soube que a resposta era não. Meu caminho para a verdadeira liberdade era mais sutil do que simplesmente adotar práticas mais rígidas.

Algo muito mais sábio do que eu tinha alcançado a minha psique naquela noite e reorganizado todo o meu relacionamento comigo mesmo. Eu não via mais o aspecto inferior de mim mesmo, com todas as suas questões e seus melodramas, como um inimigo a ser destruído. Agora eu o olhava com um novo entendimento. Precisava usar todas aquelas energias pessoais perturbadas para a minha ascensão. Ficou perfeitamente claro que, como ele era o problema, ele também era a solução. Senti uma pontada de compaixão por aquela pessoa que lutava dentro de mim. Mais tarde eu aprenderia que a *Bhagavad Gita* diz que devemos elevar o ser com o Ser, não reprimir e esmagar o eu. Eu vinha reprimindo meu eu pessoal para me livrar de sua humanidade. Agora precisava aprender a elevar essas energias para me ajudar na viagem.

Saí da Kombi e fui andando na direção do templo. Estava me sentindo muito mais leve e mais aberto. Sentia que desejava me soltar e abrir as asas. Mas havia algo que precisava fazer primeiro. Desde o início das minhas disciplinas mentais, eu tinha imaginado uma sala dentro da minha mente aonde levava meu eu pessoal para meditar. Era uma sala com uma enorme porta dupla de madeira e paredes de vidro maciço. O que tornava essa sala tão especial era que as paredes de vidro davam para todo o universo. Sentado naquele local de meditação solitário, era possível ver a Terra suspensa na escuridão do espaço. Ao longe havia estrelas e galáxias flutuando no infinito. Sempre que Mickey tinha um problema, eu o levava até lá para esfriar a cabeça. Até costumava brincar, deixando-o ali. Queria que ele ficasse sempre calado e que sempre lembrasse que todas as experiências dele aconteciam num minúsculo grão de poeira flutuando no espaço infinito.

Naquela manhã, quando parei no caminho para o templo, fechei os olhos e abri a gigantesca porta de madeira para aquela sala muito especial. A pessoa que eu tinha deixado sentada na almofada de meditação se empertigou imediatamente. Enquanto eu me aproximava, ela ficou mais disciplinada e concentrada. Num drástico contraste com meu modo rígido anterior, estendi a mão para ela de um jeito gentil e atencioso, e disse: "Pode sair agora."

O que aconteceu depois disso me deixa envergonhado até hoje, por ter pensado que essa prática era uma espécie de jogo mental inocente. No momento em que eu disse essas palavras, experimentei uma liberação emocional cuja intensidade nunca imaginei ser possível. Lágrimas se derramaram dos meus olhos e minhas pernas cederam completamente. Meu coração se abriu como se algum acontecimento importantíssimo tivesse permitido um alívio que valia pela minha vida inteira.

Assim que essa liberação catártica chegou ao fim, percebi algo que jamais esquecerei: aquela pessoa amedrontada e problemática lá dentro, que eu estivera observando e julgando, era de fato uma pessoa. A psique é uma pessoa com sentimentos e pensamentos, esperanças, temores e sonhos. Ela não deve ser trancada numa sala nem receber ordens o tempo todo para se calar. Existem maneiras muito mais construtivas de lidar com essas energias perturbadas e autocentradas. Infelizmente precisei aprender isso do modo mais difícil – pela experiência.

Com a sensação de estar mais inteiro do que em muito tempo, me lembrei do que tinha dito no sonho: *preciso encontrar outro caminho*. Não havia dúvida de qual seria "o outro caminho". Eu tinha que aprender a me entregar mais e não lutar tanto. Já havia decidido me entregar ao fluxo da vida, mesmo que não entendesse para onde ele me levava. Agora precisava fazer a mesma coisa por dentro. Precisava aprender a apenas relaxar no meu interior, em vez de lutar tanto com a minha mente. Só porque a voz fala, isso não significa que preciso ouvi-la ou deixar que ela afete a direção da minha vida. Ela não tem nada a ver comigo – posso apenas relaxar, não importa o que ela esteja dizendo. Eu tinha voltado ao básico: eu sou aquele que percebe a voz falando.

Saí do silêncio pelo resto da minha estadia na comunidade. Não quero dizer que falei muito, porque não falei. Apenas era sociável o suficiente para que as pessoas se sentissem confortáveis em falar comigo. Conheci alguns residentes antigos e ouvi histórias sobre a jornada deles. Apesar das mudanças pelas quais estava passando, não mudei minhas práticas de meditação e yoga. O problema não eram elas; era eu. Eu tinha desenvolvido um conceito mental de disciplina absoluta que na verdade estava me atrapalhando. Nas minhas meditações, eu vinha alcançando progressos ao empurrar para longe as energias inferiores. Mas isso era apenas uma forma de repressão. Eu precisava aprender a canalizar essas energias para o alto, em vez de afastá-las de mim. Demorou um tempo, mas enfim comecei a entender o verdadeiro propósito do yoga. Praticado do modo adequado, o yoga é a ciência de canalizar todas as energias para o alto, até se fundirem no ponto mais elevado – a Unidade.

Depois de algumas semanas na comunidade, comecei minha

jornada de volta para casa. Quem retornou para a Flórida foi uma pessoa mais sábia, mais esclarecida. Ainda que eu tivesse plantado as sementes e aprendido algumas lições muito profundas, levaria algum tempo até que eu aprendesse a fazer as pazes comigo mesmo. Enquanto isso, eu estava ansioso para voltar às minhas terras e à solidão da minha linda casa na floresta.

# 19

# Aceitação, aceitação e mais aceitação

Minha mente permaneceu muito tranquila durante a viagem atravessando o país. Mas no momento em que cheguei em casa enfrentei um sério desafio ao meu voto de aceitação. Enquanto passava pela floresta até o campo, em vez do silêncio característico ouvi o zumbido de uma serra circular. Então vi Sandy e meu amigo Bob Gould vestindo aventais de carpintaria e escalando uma estrutura que estavam construindo no meu terreno. Era um daqueles momentos em que a gente esfrega os olhos, com incredulidade.

Perguntei o que estava acontecendo. Sandy me informou, animada, que decidira erguer uma casa e Bob Gould tinha concordado em ajudá-la. Não me lembro do tom da minha voz, mas lembrei a ela que o terreno em que estavam construindo a casa era meu. De novo, muito animada, Sandy respondeu que não estava alegando nenhum direito de propriedade sobre a casa, que seria minha quando ela decidisse ir embora. Obviamente ela já havia resolvido tudo na cabeça dela e não tinha problema com isso. Decidi que era melhor ir para casa e meditar antes de responder.

Imagine o que aquela voz na minha cabeça estava dizendo: *Ah, meu Deus! Como ela ousa tomar uma decisão dessas sem ao menos pedir permissão? Não quero uma casa a mais no meu terreno. Não quero mais ninguém aqui, então por que quereria outra casa? Como é que alguém toma a decisão de construir uma casa na propriedade de outra pessoa sem ao menos perguntar a ela?* E a voz continuou e continuou, mas nesse ponto eu estava bem treinado em simplesmente observar com calma todos esses pensamentos sendo criados pela mente controlada pelas preferências. Afinal de contas, se eu quisesse outra casa na propriedade essa voz estaria dizendo: *Que milagre! Deus interveio e começou a construir uma segunda casa para mim sem que eu precisasse fazer nada.* Para mim não importava o que a voz estivesse dizendo. Eu sabia, no fundo do meu ser, que não lhe daria atenção – e muito menos o controle sobre a minha vida. Se eu precisasse optar entre usar essa situação da vida real para fazer com que as coisas fossem do meu jeito ou para me libertar de ter que fazer as coisas do meu jeito, eu escolheria a liberdade – sempre. Essa era a essência do meu experimento com a vida: se for uma questão de preferência, a vida vence. Assim, tornei a subir a colina, coloquei um avental e os ajudei a construir a casa de Sandy.

Era boa a sensação de estar construindo algo de novo. Dessa vez eu não era um café com leite – era um carpinteiro. É incrível a diferença entre a primeira vez que você faz alguma coisa e a segunda. Senti que eu sabia o que estava fazendo, e isso me dava confiança e força interior. Eu não estava trabalhando na casa para Sandy nem para mim – o fluxo da vida tinha me colocado naquela situação. Foi durante a construção da casa de Sandy que comecei o ritual de oferecer meu trabalho para a força invisível que me guiava. Eu não estava no comando, mas a vida continuava a se desenrolar como se soubesse exatamente o que fazia. Eu serviria àquela força. Pode chamá-la como quiser: Deus, Cristo, Espírito. Esses não eram mais apenas nomes de algo em que acreditar. Os acontecimentos que me impeliam pela vida eram palpáveis e reais para mim. Por dentro comecei a oferecer tudo que eu fazia à Força Universal. Só queria retornar para aquele lindo lugar no fundo de mim mesmo. Se seguir a mão invisível da vida era o que ia me levar até lá, que assim fosse.

A casa de Sandy era muito simples. Era semelhante ao que eu tinha pensado que iríamos construir para mim. Sua casinha de 4 por 5 metros não tinha eletricidade, encanamento nem acabamento nas paredes. E as aberturas das janelas eram cobertas apenas com telas e um pouco de plástico. Só demorou umas seis semanas para ficar pronta e não custou quase nada, mas ela adorou. Hoje sorrio, olhando em retrospecto para a minha resistência inicial. Eu jamais poderia imaginar quantas experiências importantes da minha vida acabariam ligadas àquela casinha.

Enquanto isso, o verão havia terminado e a época de começar minhas aulas na faculdade Santa Fe estava se aproximando depressa. Eu tinha sido fiel ao compromisso de não permitir que um único pensamento sobre o que eu iria ensinar entrasse na minha mente. Como eu saberia o que a vida era capaz de fazer se estivesse sempre no controle? Entrei na minha primeira aula completamente aberto com relação ao que iria se desenrolar. Enquanto os alunos entravam, simplesmente aquietei a mente e me perguntei: *Você tem alguma coisa que valha a pena ensinar a esses estudantes?* No fundo do meu coração, eu sabia que tinha uma riqueza de conhecimentos que seriam interessantes e benéficos para a vida deles. Por isso respirei fundo, fiquei de pé e simplesmente comecei a falar. Na época, eu não poderia saber, mas esse momento exato estabeleceu os alicerces da próxima fase em minha jornada espiritual: me tornar professor.

As palavras simplesmente fluíam. Não havia pensamento prévio envolvido naquilo. A primeira aula mostrou o que trabalharíamos na matéria, como se eu tivesse decidido com antecedência que currículo seguir. Foi semelhante a quando escrevi aquele trabalho de economia na Kombi, na floresta. Só que dessa vez eu estava assistindo a um fluxo contínuo de inspiração se transformando em uma aula poderosa. Eu não estava fazendo nada daquilo – simplesmente tinha consciência do que acontecia.

À medida que o semestre progrediu, isso continuou acontecendo, aula após aula. Eu ficava pasmo com o que era ensinado naquelas aulas. Era como se todo o conhecimento da minha formação estudantil, além de tudo que eu havia aprendido através da meditação introspectiva e da observação implacável da voz, estivesse se combinando num todo coeso. A premissa do curso se centrava na possibilidade de existir uma verdade subjacente ao universo e todo o conhecimento humano simplesmente olharia essa verdade a partir de diferentes perspectivas. A exploração dessa premissa envolveria física, biologia, psicologia e religião. Qual era a possibilidade de todas essas áreas estarem dizendo a mesma coisa? Eu nunca havia pensado no assunto desse modo. Na verdade, eu tinha passado meu tempo aprendendo a não transformar os pensamentos em uma distração. Como era possível cada aula sair de modo tão perfeito, sem que eu fizesse nada? Mesmo assim, a apresentação se desenrolava aula após aula, diante dos meus olhos.

O sucesso das aulas era extraordinário. Eu começara o semestre com vinte alunos na sala. No final, esse número havia dobrado. Lembro-me de uma aula em que eu literalmente tive dificuldade para entrar na sala. Vinte alunos estavam inscritos e outros quarenta estavam sentados na sala ou escutando no corredor. As pessoas simplesmente traziam os amigos. Eu ainda buscava a quietude e não queria que isso se tornasse uma distração das minhas práticas. Portanto tentei me isolar chegando à faculdade pouco antes da aula e indo embora logo depois. Também não ia a nenhuma reunião do corpo docente ou a outros eventos. Mas nada disso importava. Eram os anos 1970 e eu estava ensinando Pensamento Universal em meio à revolução da consciência. Com o tempo, os alunos e seus amigos começaram a aparecer para as meditações de domingo lá em casa.

Como se isso não bastasse, as aulas na faculdade Santa Fe estabeleceram a base para outro fluxo de acontecimentos muito espiritual. Dessa vez tinha a ver, imagine só, com minha tese de doutorado. Eu dissera ao Dr. Goffman que minha vida havia me afastado muito do campo da economia e que eu não pretendia escrever tese nenhuma. Mesmo assim, um dia ele me fez prometer, como um favor pessoal, que produziria alguma coisa, qualquer coisa, para ele ler. Eu sentia grande amor e respeito pelo Dr. Goffman, e considerei um ato de entrega ceder aos desejos dele. Naquela mesma noite me sentei no chão de casa, acendi o lampião de querosene e me perguntei se tinha alguma coisa para escrever que valesse um empreendimento tão enorme. Demorei apenas alguns instantes para perceber que tinha mesmo algo muito importante para escrever e que adoraria que o Dr. Goffman lesse. Parecia que a vida tinha acabado de me dar a oportunidade perfeita de escrever sobre aquela voz dentro da minha mente e a unidade por trás de toda ciência e toda religião – justamente o que estivera ensinando nas minhas aulas na faculdade.

Sendo esse o assunto, fiquei cheio de inspiração. Mesmo sabendo que o texto não seria aceito como uma tese de economia, coloquei o coração e a alma na escrita. Por acaso o documento final teria um destino inesperado. Um professor da minha banca de doutorado pediu que um editor me contatasse, e em menos de um ano minha tese foi publicada com o título *The Search for Truth* (A busca pela verdade). Trinta e cinco anos depois, esse livro ainda vende exemplares todos os meses na Amazon – um tributo adequado aos atos de entrega que o trouxeram ao mundo.

O importante em tudo isso é que, se eu tivesse escutado minha própria mente, nada disso teria acontecido. Ao seguir o fluxo da vida, em vez de as minhas próprias preferências, agora eu era carpinteiro, professor e um autor publicado. Por dentro eu havia crescido também. A linha nítida que eu vinha traçando entre o espiritual e o não espiritual começou a desbotar. A energia que eu experimentava dando aulas na faculdade Santa Fe era a mesma com a qual eu lidava no yoga e nas meditações. Na meditação, essa energia fluía para o alto e me elevava para longe do meu eu cotidiano. Quando estava diante de uma turma, essa mesma energia explodia numa aula repleta de paixão e sinceridade. Não somente comecei a ver tudo isso como o fluxo da energia espiritual, como também comecei a ver que não existia diferença entre ir até a turma para ensinar e ir para casa fazer minhas práticas meditativas. Eu dava aquelas aulas porque um incrível fluxo de acontecimentos tinha me colocado ali. Eu dirigia para casa porque um incrível fluxo de acontecimentos tinha me colocado ali. Nenhum desses destinos tinha sido decidido por mim. Eles eram o resultado de eu abrir mão de mim mesmo. Pouco a pouco, o tecido da minha vida foi sendo composto pelos resultados da minha entrega. Eu estava cercado por uma vida construída para mim, e não por mim. Mas nem nos meus sonhos mais loucos eu poderia imaginar aonde isso iria me levar.

# 20

# A coisa mais importante que já me pediram para fazer

O verão de 1973 trouxe algumas mudanças interessantes para o lugar onde eu morava. Sem qualquer esforço da minha parte, muitos dos terrenos de dois hectares ao redor da minha propriedade foram sendo comprados por pessoas atraídas por um estilo de vida de volta à natureza. Não era nenhuma surpresa que muitas dessas pessoas fizessem algum tipo de meditação e prática de yoga. Eu ainda me agarrava à minha imagem de meditador que desejava a solidão na floresta, por isso interagia pouco com os novos vizinhos. Mas devo admitir que minhas caminhadas vespertinas se tornavam mais interessantes à medida que várias casinhas de madeira rústica começaram a brotar na floresta ao redor.

Um homem chamado Bob Tilchin comprou a propriedade que ficava logo atrás da minha casa. Eu não o conhecia, mas ele curtia yoga e sufismo e era uma alma muito gentil. E contratou meu amigo Bob Gould para ajudá-lo a construir sua casa, de modo que tudo ficava "em família". Um dia Bob Tilchin me procurou para pedir um favor. Ele era amigo por correspondência de um detento chamado Jerry, na Union Correctional Institution (UCI), uma prisão de segurança máxima uns 60 quilômetros ao norte de Gainesville. Bob tinha prometido visitá-lo de vez em quando, mas agora precisava sair da cidade. Ele então perguntou se eu visitaria Jerry enquanto ele estava viajando. Era um pedido muito estranho para mim. Eu não tinha nenhuma experiência nessa área e ainda protegia muito minhas tentativas de levar uma vida solitária. Enquanto a voz nos meus pensamentos dizia *não*, a dos meus lábios disse: "Sim." Eu não tinha ideia de como seria ir a uma prisão de segurança máxima me encontrar com um completo estranho, mas logo descobriria.

Numa manhã de sábado fui de Kombi até a prisão e conheci Jerry, um jovem homem negro, na área para visitantes. Passamos algumas horas conversando assuntos parecidos com os que eu vinha ensinando nas minhas aulas. Ele pareceu genuinamente interessado e era um rapaz muito inteligente. Vinha fazendo meditação, então passamos um tempo meditando juntos. Jerry agradeceu a visita e pediu que eu voltasse. Eu tinha notado que, além de Bob Tilchin e eu, não havia mais ninguém na lista dele de visitantes aprovados. Nossa meditação juntos tinha sido incrivelmente profunda e eu me senti dominado pela paz quando saí da prisão. De algum modo, estar naquele ambiente tocou alguma coisa muito profunda dentro de mim. Antes mesmo de passar pelo portão eu já estava ansioso para voltar.

Quando retornei para visitar Jerry pela segunda vez, ele tinha uma surpresa para mim. Havia gostado tanto da visita e da nossa meditação juntos que criara uma lista de cinco ou seis outros prisioneiros que desejavam se encontrar para uma meditação em grupo. Contatei as autoridades e descobri que um grupo de meditação assim só seria possível como parte de um serviço religioso. Jerry se considerava budista e eu tinha feito meditação zen-budista, por isso comecei o que provavelmente foi o primeiro grupo budista na história de uma prisão no norte da Flórida. Nós nos reuníamos na capela sábado sim, sábado não, pela manhã. Tudo era muito surreal para alguém com a minha formação. Chegando à prisão, eu passava pelo portão principal cercado por barreiras duplas de concertina. Depois passava por mais dois portões antes de ser revistado. Pouco depois soava um chamado pelos alto-falantes nos vários blocos de celas. "BUDISTAS." Vindo de um lugar muito silencioso dentro de mim mesmo, eu observava uma voz dentro da cabeça dizer: *Como é que eu vim parar aqui?*

Ao longo dos anos, o grupo cresceu e, quando Jerry foi transferido para a Florida State Prison, também criei um grupo lá. Podem ter sido os atos de entrega que me colocaram originalmente naqueles grupos de presídios, mas, uma vez que eu já estava lá, eles eram meu coração e minha alma. Sempre que eu entrava nas prisões, sentia um aumento poderoso no fluxo de energia espiritual dentro de mim. E, quando me sentava para meditar com os detentos, minhas meditações eram muito mais profundas do que quando ficava horas em casa, sozinho. Eu não entendia o que estava acontecendo, mas esperava cada visita ansiosamente como uma experiência de elevação espiritual.

Eu lidava com os grupos praticamente como fazia com as aulas na faculdade Santa Fe. Não planejava nenhuma sessão, só deixava a energia falar. Os homens conseguiam se identificar imediatamente com a ideia da voz que falava sem parar dentro da cabeça deles. Eram muito receptivos a aprender como aquietar essa voz e lidar com os padrões internos de raiva, medo e impulsividade. A sinceridade profunda dos internos com relação ao seu crescimento espiritual tornou aqueles grupos nas prisões uma das experiências mais gratificantes da minha vida. Um único pedido do meu vizinho Bob Tilchin – em relação ao qual tive muita resistência no início – rendeu mais de trinta anos de trabalho com pessoas encarceradas. Os homens do meu grupo se tornaram parte da minha família ampliada e continuam a viver no fundo do meu coração.

Era o verão de 1973. E o meu centro do coração estava aprendendo a se abrir no lugar mais improvável. Eu estava sendo ensinado a servir. Não é algo que eu teria descoberto sozinho. Todo o meu ser achava que meu caminho para a iluminação tinha a ver com a meditação. Felizmente, a vida sabia mais e estava começando a me guiar para longe de mim mesmo por meio do serviço aos outros.

# PARTE III

# Da solidão ao serviço

# 21

# O chamado de um mestre vivo

Na Flórida os verões são brutais, até mesmo na floresta. Minha casa não tinha ar-condicionado e, com uma parede sólida de vidro voltada para o oeste, não tinha exatamente um design adequado ao calor. Ainda faltavam alguns meses para as aulas na faculdade Santa Fe recomeçarem em meados de setembro, então retornei ao norte da Califórnia para uma visita. Antes de voltar para casa fiquei sabendo que Shelly, minha ex-mulher, estava morando numa espécie de centro de yoga na área de São Francisco. Consegui o número de telefone e liguei para ela. Fazia alguns anos que não a via, e fiquei fascinado por eu ter me aprofundado muito no yoga e, evidentemente, ela também.

Fui até Piedmont e descobri onde Shelly morava. Foi ótimo revê-la, e meu coração estava muito aberto. Ela começou a me mostrar a linda casa que servia de centro de meditação para um pequeno número de residentes. Subimos ao andar de cima para ver a sala de meditação, e de novo a vida me pegou totalmente de surpresa. Espalhadas na sala havia fotos de um mestre de yoga que eles chamavam de Baba. Eu nunca tinha ouvido falar dele, o que fazia sentido. Eu vinha morando na floresta do centro-norte da Flórida havia alguns anos e ele morava na Índia. As fotos daquele homem santo eram hipnotizantes. Eu não conseguia tirar os olhos delas. O fluxo de energia dentro de mim se elevou até o ponto entre as sobrancelhas, e uma paz tremenda tomou conta de todo o meu ser.

Perguntei se poderia meditar ali por um tempo. Shelly assentiu e foi cuidar dos seus afazeres.

Meditei naquela sala durante horas, com uma energia cintilante atravessando meu corpo. Toda a sala parecia repleta de energia. Algo que eu não entendia estava acontecendo. Eu sabia apenas que estava sendo atraído para a meditação profunda sem a dificuldade normal. Fiquei na sala durante muito tempo e, quando finalmente saí, era hora de me despedir de Shelly. Certamente não era a visita que eu tinha imaginado. O que havia começado como uma viagem muito pessoal, a vida tinha conseguido transformar numa experiência poderosamente espiritual. Se esse tivesse sido o único resultado da viagem, já seria fantástico. Mas era apenas o começo.

Voltei para casa no início de setembro e encontrei uma pessoa que eu não conhecia hospedada na casa de Sandy. Evidentemente Sandy tinha ido viajar e deixara uma amiga, Rama Malone, em sua casa. Rama era muito expansiva e vivaz. Era cheia de empolgação e me atraiu para seu mundo na mesma hora. Na primeira vez em que fui vê-la, ela me convidou para entrar para mostrar o que tinha feito ali. Muito entusiasmada, ela me chamou para o jirau. Subi a escada de madeira rústica e, quando minha cabeça chegou à abertura, o que vi quase me derrubou de volta. Toda a área estava coberta com fotos do mesmo mestre de yoga que eu tinha acabado de encontrar na casa de Shelly.

Bom, eu até acredito em coincidências, mas dessa vez foram duas seguidas em lados opostos do continente. Em 1973 não havia tantas pessoas assim nos Estados Unidos que conhecessem esse homem santo da Índia. Parecia que ele estava me seguindo. Rama começou então a me contar que Baba Muktananda planejava vir aos Estados Unidos na primavera do ano seguinte e que eu deveria convidá-lo para visitar Gainesville. A princípio achei que estivéssemos tendo uma conversa fantasiosa, até perceber que ela falava tremendamente a sério. Respirei fundo e tentei argumentar.

Lembrei que eu morava sozinho na floresta e que tinha me esforçado muito ao longo dos anos para não atrair pessoas. Como poderia estar em condições de escrever para a Índia e convidar um respeitado mestre de yoga para uma cidadezinha no centro-norte da Flórida? Não havia como argumentar com ela. Rama insistiu que eu escrevesse uma carta para a Índia, com papel timbrado da faculdade comunitária de Santa Fe, convidando Baba para dar uma parada em Gainesville em seu trajeto de Atlanta para Miami.

Achei que era uma ideia maluca. Minha mente ficava dizendo que de jeito nenhum Baba viria para cá. Na verdade, fiquei sem graça só de escrever a carta e mandá-la para a Índia. Mas que opção eu tinha? Podia dar ouvidos à minha mente relutante ou reconhecer que a vida me colocara em contato com esse grande iogue, me dera uma experiência profunda sentado diante da foto dele e depois pusera uma devota apaixonada na minha casa para me obrigar a convidá-lo a visitar Gainesville. No final, me entreguei e postei a carta no correio.

Alguns meses depois recebi uma resposta dizendo que alguém viria à minha casa discutir a possibilidade de uma visita a Gainesville. Quando a pessoa chegou, fiquei surpreso ao receber um rapaz vestido de modo muito profissional. Aparentemente ele ficou igualmente surpreso ao conhecer um hippie que morava sozinho na floresta. Dava para ver que ele não ficou muito impressionado e começou a explicar o que seria necessário para uma visita de uma semana de Baba e sua comitiva. Eles precisariam de instalações para seu pessoal – um número que poderia chegar a vinte pessoas –, um salão com capacidade para cinquenta a cem pessoas para sessões diárias durante a semana, e um retiro de fim de semana que pudesse acomodar algumas centenas de pessoas. Ele pareceu muito cético com relação à minha capacidade de providenciar tudo. E quem poderia culpá-lo? Eu era professor em meio período numa faculdade comunitária, ganhando

350 dólares por mês – não eram exatamente as credenciais que eles procuravam.

No final, ele disse que eu poderia ver o que seria capaz de conseguir e que ele voltaria a entrar em contato. Certamente não pareceu promissor, mas pelo menos eu não tinha recebido um não definitivo. Antes de ele sair, fiz uma pergunta importante: se o grupo estava tentando fazer as pessoas se interessarem por Baba, como exatamente eles faziam a divulgação na turnê mundial? Eu não achava que um santo indiano que não falava inglês atrairia tantas pessoas. Ele só respondeu que Baba era um mestre *siddha* muito poderoso e que as pessoas quereriam conhecê-lo. Não entendi o que isso significava, mas achei que descobriria mais tarde.

Alguns meses se passaram e nós recebemos uma data provisória de quando Baba poderia passar por Gainesville: 18 de janeiro de 1975. O entusiasmo com uma possível visita de um mestre de yoga mundialmente famoso só serviu para acelerar a energia em torno das minhas aulas e dos serviços dominicais. A cada semana as coisas cresciam, até que fui obrigado a construir um pequeno anexo à minha casa para comportar mais pessoas. Com a publicação do meu livro *The Search for Truth* na primavera de 1974, a energia se espalhou mais ainda.

Na primavera daquele ano, Rama e Sandy já tinham vindo e ido embora, e a casa extra estava vazia até uma jovem chamada Donna Wagner se mudar para lá. Donna estava terminando seu curso na faculdade quando começou a assistir às minhas aulas na Santa Fe. Apesar de ser apenas um pouco mais velha do que os outros alunos, era mais centrada e madura. Tinha um entendimento profundo do que eu estava ensinando e ia à maioria das minhas aulas e a todos os serviços dominicais. Durante cerca de um ano, antes de se mudar para a casinha, parecia que vivíamos nos esbarrando na cidade. Esses encontros ao acaso aconteciam com tanta frequência que comecei a me perguntar o que estaria acontecendo.

Donna começou a ajudar a organizar o grupo dos domingos depois de Sandy ir embora. Costumava ficar na casinha nas noites de sábado para ajudar a arrumar tudo e receber as pessoas no domingo de manhã. Com o tempo, ela simplesmente parou de ir para casa. Se na época eu soubesse que ela estava saindo de um belo apartamento comprado pelos pais e vindo para essa cabana minúscula na floresta, sem encanamento nem eletricidade, talvez eu não tivesse sido tão rápido em permitir que viesse. Se na época eu soubesse que estávamos destinados a nos apaixonar, nos casar e ter uma linda filha... dada a minha condição mental na época, definitivamente eu não teria deixado que ela se mudasse. Seriam necessários mais alguns anos de aprendizado de entrega antes que eu fosse capaz de abandonar a imagem espiritual de mim mesmo a ponto de aceitar os relacionamentos especiais que a vida tinha guardado para mim.

## 22

# Shaktipat

Tínhamos muitíssimas coisas para resolver se quiséssemos receber uma visita de Baba. Nenhum de nós tinha feito algo assim antes, por isso precisamos aprender as coisas enquanto cuidávamos delas. Primeiro encontramos um acampamento de verão na Floresta Nacional de Ocala que poderia abrigar um grande retiro de fim de semana fora da alta temporada. Em seguida espalhamos a notícia de que precisávamos de uma casa muito grande para as vinte pessoas da comitiva de Baba e para as sessões de meditação nos dias de semana. Como é uma cidade universitária, Gainesville não é conhecida por ter grandes mansões, mas alguém entrou em contato e me ofereceu a casa perfeita para todo o mês de janeiro. As coisas estavam definitivamente se encaixando.

O retiro de fim de semana seria o fator decisivo. Se não conseguíssemos que um número suficiente de pessoas se inscrevesse, Baba não viria. Donna e eu tivemos que dar centenas de telefonemas e enviar correspondências para todo o estado com o objetivo de atrair as pessoas. Foi necessária uma grande entrega da minha parte para instalar um telefone na minha casa e usá-lo como o número de contato a ser incluído em todos os panfletos e nas mensagens telefônicas. Fizemos uma divulgação apaixonada do evento e recebemos uma resposta extraordinária de todo o estado.

Durante anos eu havia pensado que levar uma vida espiritual era passar todos os dias em silêncio e solidão. Agora estava correndo de um lado para o outro, fazendo todo esse trabalho. Mas de algum modo me sentia mais aberto e mais conectado com o fluxo de energia do que nunca. Mantinha as meditações da manhã e do fim de tarde, mas as horas intermediárias eram dedicadas às minhas aulas e a trazer Baba a Gainesville. Eu estava entregue, apenas o suficiente para que o fluxo da vida não fosse mais algo ao qual eu optava por ceder: o fluxo havia tomado conta da minha vida. Em vez de me guiar sutilmente, ele passara a me dominar. Minha mente ficava dizendo que, assim que tudo aquilo terminasse, eu voltaria ao estilo de vida solitário. Como sempre, ela estava errada.

Antes de Baba vir a Gainesville, recebemos um convite para ir ao seu retiro de dezembro nos arredores de Atlanta. Eu estava ansioso para conhecê-lo. Além disso, parecia uma boa ideia saber o que esperar quando ele chegasse a Gainesville no mês seguinte. Seis pessoas se amontoaram na Kombi e viajamos todos para o norte. Quando chegamos ao local do retiro, fomos levados a um grande salão com cerca de 50 ou 60 pessoas. E assim começaram quatro dos dias mais intensos da minha vida.

Lembro-me da primeira sessão de meditação com Baba. Disseram que ele andaria entre nós enquanto estivéssemos meditando. Estava tão escuro no salão que eu não conseguia ver nada, mas em algum momento senti uma presença forte atrás de mim. Ela ficou mais e mais forte até que percebi que Baba estava parado ao meu lado. Ele tocou o ponto entre minhas sobrancelhas, exatamente onde sempre senti o fluxo de energia. Em seguida se afastou.

Tínhamos duas sessões de meditação todos os dias. A cada vez eu podia sentir nitidamente uma energia forte quando Baba passava atrás de mim, mas era só isso. Era difícil ficar sentado naquela sala o dia inteiro. Eu tentava meditar só para ter alguma privacidade, mas não conseguia mergulhar dentro de mim mesmo. Em vez de minhas meditações ficarem mais profundas, eu estava totalmente trancado do lado de fora. Foi mais ou menos assim que me senti o tempo todo: trancado. Eu estava distraído demais para pensar, meu corpo doía e a voz na minha cabeça me deixava louco. Eu estava decidido a superar aquilo meditando, mas mal conseguia esperar até que tudo terminasse.

Continuei assim até o último dia e fiquei muito confuso, para dizer o mínimo. Na última manhã, decidi que eu talvez não estivesse suficientemente aberto no modo como me relacionava com Baba. Eu tinha ido prestigiar um grande mestre espiritual, mas ele não era meu mestre. Meu mestre era Yogananda. Decidi então que nesse último dia abandonaria até mesmo esse conceito e simplesmente me entregaria por completo à experiência diante de mim.

Enquanto o programa acontecia na frente do salão, sentei-me no meu lugar e comecei a fazer o mantra de Baba. Repeti *Om Namah Shivaya* sem parar. Antes que eu percebesse, estava em meditação profunda. Todos os sons externos haviam cessado, assim como meu falatório mental. Eu me encontrava num lugar onde nunca havia estado, no fundo do meu coração. Senti que meu coração era uma caverna gigante que me protegia e me amava. Eu estava completamente em transe e em paz.

Logo chegou a hora da meditação da noite, quando Baba andava entre nós tocando as pessoas. Fui puxado de volta para aquele lugar muito silencioso dentro do meu coração. Enquanto estava meditando, senti Baba caminhar atrás de mim. O poder que emanava dele era muito forte. Apesar de meus olhos estarem fechados e eu estar virado para a frente, dava para sentir a energia da mão dele indo na direção da minha cabeça. No momento em que a palma da mão pairou sobre o meu cocuruto, o que pareceram 10 mil volts de eletricidade saltaram da base da minha coluna indo ao encontro da mão dele. Isso foi rápido como um relâmpago. Num instante eu não estava mais no meu corpo. Eu, aquele que vive aqui dentro, aquele que olha através dos olhos e ouve através dos ouvidos, o centro da percepção consciente que percebe os pensamentos e as emoções – não estava mais sentado aqui dentro, fazendo todas essas coisas. Entrei num estado de pânico absoluto tentando me segurar com toda a força à minha conexão com o corpo. O jorro de energia ascendente me deslocou de onde eu normalmente ficava dentro de mim mesmo. Eu experimentava ventos com força de tornado tentando me soprar para fora do corpo, enquanto me esforçava para me agarrar como se lutasse pela própria vida.

Não importava quanto tentasse, eu não conseguia me puxar de volta para o corpo. Era um daqueles momentos de sobrevivência em que o puro medo nos abre a uma força sobre-humana. Não importava: eu não conseguia sequer começar a resistir àquela força. Não tenho ideia de quanto tempo a experiência durou, mas, quando achou que já bastava, Baba simplesmente passou a mão pelas minhas costas. No momento em que sua mão tocou fisicamente o meio das minhas costas, tudo parou. Caí imediatamente de volta no corpo e comecei a me orientar um pouco. A primeira coisa que notei foi meu coração – ele não estava batendo, estava adejando como as asas de um beija-flor. Meu primeiro pensamento foi: *Isso não é bom. Corações não duram muito batendo assim.* No instante em que esse pensamento se formou, Baba baixou a mão diante de mim e a esfregou no lugar do meu coração. No mesmo instante meu coração voltou a bater normalmente.

Fiquei perplexo com a experiência e o poder daquele homem. Quem era ele? Como podia ter tanto controle sobre minha energia e minhas funções metabólicas? Foi uma lição de humildade estar diante da sua presença. Nunca tinha me sentido tão livre de pressões na vida. O que eu estivera fazendo – jejuando, meditando e lutando comigo mesmo durante tantos anos? Com um único toque esse homem podia provocar uma transformação enorme. Nesse momento entendi o que significava ser um mestre *siddha*. Baba não era deste mundo; ele era de um lugar totalmente diferente.

## 23

# Gainesville recebe um guru

Fomos convidados a acompanhar o grupo de Baba de volta para o lugar onde eles estavam hospedados em Atlanta. Enquanto íamos embora do retiro na Kombi, ponderei sobre o que havia acontecido no dia anterior. Uma das pessoas na equipe de Baba me disse que aquela experiência se chamava *shaktipat*, uma bênção especial de um mestre *siddha* em que uma energia espiritual muito poderosa é despertada dentro da pessoa. Quando chegamos à mansão onde Baba estava hospedado em Atlanta, seu pessoal simplesmente presumiu que agora eu consideraria Baba meu mestre. Disseram que era comum ser atraído para um mestre vivo. Mas o que eu sabia? Tudo aquilo estava muito além da minha compreensão.

Saí da casa para ficar sozinho. Não havia dúvida do que tinha acontecido no dia anterior ou do fluxo de eventos que tornara tudo isso possível. Lembrei-me do compromisso de me entregar ao fluxo da vida, mesmo que não entendesse o que estava havendo. Desci a colina até a área da garagem, onde não havia ninguém. Estava muito confuso, mas me preparei para agradecer a Yogananda por sua orientação. Fechei os olhos para ir ao lugar silencioso dentro de mim em que sempre tinha sentido uma conexão com ele. Por dentro, olhei para o alto, como se para agradecer, e de repente todo o espaço acima de mim se abriu numa vastidão sem limites. Parecia que um véu fora retirado do espaço entre minha consciência e o que havia além de mim.

Senti imediatamente a unidade com tudo que eu estivera procurando. Era a experiência mais poderosa e reveladora que eu já tivera. Durou apenas alguns instantes, mas voltei com um eco do meu ser dizendo: *Exatamente a quem você acha que está dizendo adeus?* Senti a presença de Yogananda ao meu redor e me permeando de dentro para fora. Desse momento em diante, nunca mais questionei minha conexão com ele.

Quando me reuni a Donna e meus amigos na casa principal, eles estavam fazendo os preparativos para voltar. Enquanto retornávamos a Gainesville, todos estávamos inspirados com a ideia de receber Baba dali a alguns dias. Quando o guru finalmente chegou, mal pude acreditar no tanto de atenção que ele atraía. Todo lugar aonde íamos ficava lotado com pessoas em pé. E, apesar de Baba não ser um homem jovem quando passou por Gainesville, ele dava palestras dia e noite, onde quer que as pessoas convidassem. Na época, eu estava fazendo meu trabalho na prisão, e sua equipe me disse que ele com certeza gostaria de visitar a penitenciária. Nós providenciamos tudo e, numa tarde, o acompanhamos até o presídio de segurança máxima. Os detentos o adoraram. Quando saiu, Baba instruiu seu pessoal a continuar a visitar prisões. Até hoje eles atribuem todo o seu trabalho mundial em presídios à visita de Baba à Union Correctional Institution nos arredores de Gainesville.

O retiro de fim de semana acabou sendo o maior de todos até aquele ponto da turnê mundial de Baba. Fui até o acampamento alguns dias antes para ver se o pessoal precisava de alguma coisa. Enquanto estava lá, notei um dormitório que tinha uma placa de VIP na porta da frente. Aparentemente eram cômodos privativos destinados a hóspedes especiais. Um dos nomes colocados numa porta atraiu minha atenção: R. Friedland. O nome de solteira de Shelly era Friedland, e o nome do seu irmão era Ronnie. Minha mente disse *De jeito nenhum*, e eu simplesmente continuei andando.

Fiquei perplexo ao ver Ronnie no retiro. Fazia anos que não nos víamos. Não importava, éramos como irmãos. Como podíamos ter vindo parar no mesmo lugar? Éramos diferentes demais. Eu levava uma vida simples em Gainesville e ele era um advogado importante em Chicago. Eu me orgulhava por não ter pertences, enquanto ele tinha uma Ferrari, uma moto Harley-Davidson e um jatinho particular. Ronnie morava numas das coberturas do famoso Twin Towers Marina e decorava as paredes circulares de sua sala de estar com imagens de Napoleão. O que estaria fazendo aqui, nesse retiro espiritual, com um homem santo da Índia?

Shelly tinha apresentado Ronnie a Baba, e aparentemente fora amor à primeira vista. Passei muito tempo com Ronnie no retiro e ele até me convidou a acompanhá-lo quando levasse Baba e algumas pessoas da comitiva à Disney World. Era óbvio que ele tinha uma relação muito especial com Baba. E alguns meses depois descobri quão especial era, quando recebi minha primeira correspondência da nova organização que Baba fundara nos Estados Unidos. Era assinada pelo primeiro presidente da fundação, Ron Friedland. Meus pensamentos voltaram àquele primeiro despertar, sentado com Ronnie no sofá, anos antes. Minha vida tinha mudado completamente – e pelo jeito a dele também.

## 24

# O templo é construído

Eu gostaria de dizer que as coisas voltaram ao normal depois que Baba foi embora, mas não voltaram. Na verdade, só depois de ele partir comecei a enxergar o verdadeiro efeito que conhecê-lo havia provocado na minha vida. Baba foi como um vento que soprou na cidade e mudou para sempre a direção da minha vida, levando-a da solidão para o serviço. E foi bom, porque a comunidade espiritual de Gainesville estava revigorada. De 40 a 50 pessoas vinham à minha casa para os serviços dominicais, metade das quais precisava ficar sentada do lado de fora, nos deques. Além disso, mais e mais pessoas assistiam às minhas aulas na faculdade Santa Fe, especialmente depois da publicação do meu segundo livro, *Three Essays on Universal Law* (Três ensaios sobre a lei universal). Minha secretária eletrônica gravava recados de todo o estado, elogiando o retiro e perguntando quando seria o próximo. Essa era uma pergunta oportuna, já que no retiro eu tinha sido abordado por um professor universitário querendo que organizássemos um retiro para sua mestre, Ma Yoga Shakti, uma mulher santa da Índia conhecida como Mataji.

O número de tarefas que a vida ia me delegando estava fora de controle, mas eu me entregava a ela. As meditações da manhã e da tarde eram meu refúgio. Durante o dia inteiro, eu aproveitava toda oportunidade para me aquietar e ficar centrado dentro de mim. Sempre que saía do meu carro, diminuía o ritmo da respiração e visualizava a Terra girando no espaço. Antes de abrir uma porta, qualquer porta, me lembrava de que estava passando por uma porta neste planeta minúsculo na vastidão vazia do espaço. Felizmente a energia que fluía até o ponto entre as minhas sobrancelhas me ajudava a manter o foco da atenção ali. Aos poucos comecei a perceber que essa vida de serviço constante era o "outro caminho" mencionado naquele sonho que eu tivera. No meu novo caminho para o despertar, a vida não era mais um obstáculo ao crescimento. Ela agora era o campo de batalha onde eu deveria permanecer consciente o bastante para permitir que meu eu antigo fosse despido de mim. Mas sejamos claros: ainda restava muita resistência a superar.

Eu continuava sendo empurrado na direção de organizar um retiro para Mataji. Nunca tinha ouvido falar nela e realmente não queria fazer isso. Mas me entreguei e, mais uma vez, a vida tinha algo inesperado guardado para mim. Alguns dias antes do retiro, Mataji e eu estávamos dando um passeio pela minha propriedade quando ela de repente parou e olhou para a floresta. Ficou imóvel alguns instantes e depois disse baixinho: "Mickey, esta é uma terra muito sagrada. Algum dia haverá um grande templo aqui, e muitas pessoas virão." Lembro-me claramente da voz na minha cabeça dizendo: *Só por cima do meu cadáver!* Mas depois de seis meses o templo estaria ali, exatamente naquele ponto da floresta.

Era como se Mataji tivesse sido enviada para dar início ao processo de transformar meu local de solidão num centro espiritual. Mais de uma vez durante o retiro, ela mencionou que existiria um grande templo nas terras do Mickey. Eu me encolhia a cada vez que ela falava assim. No domingo seguinte, depois do serviço, alguém anunciou que, se quiséssemos construir um templo, precisávamos começar a levantar dinheiro. Algumas pessoas fizeram pequenas doações e outras me ofereceram mão de obra e alguns materiais. Eu realmente não queria mais um edifício no meu terreno, mas, pelo jeito, todo mundo queria. Felizmente, a essa altura eu já tinha muita experiência em ignorar o que "eu" queria e, em vez disso, seguir o fluxo da vida.

Naquele mesmo domingo fui até minha casa, peguei um pedaço de papel e comecei a projetar o novo templo. Em apenas algumas horas já tinha uma planta baixa da construção. Queria tornar o telhado a sua característica principal, então me encontrei com meu amigo Bob Gould e decidimos dar ao templo um telhado borboleta. Um telhado borboleta desafia o projeto convencional de cobertura porque é baixo no meio e elevado dos dois lados. Por dentro, as traves expostas dariam à estrutura uma aparência única e dinâmica, como asas gigantes se abrindo para o céu.

Projetei o templo com uma área que permitisse o triplo de pessoas que cabiam na minha casa. No dia seguinte, encontrei o melhor local no terreno para a construção e comecei a limpar o terreno. Claro, era exatamente para onde Mataji estivera olhando ao declarar que um grande templo seria construído. Eu tinha avaliado que os materiais para o templo custariam cerca de 8 mil dólares. Mão de obra não era problema – nós mesmos faríamos todo o trabalho. Mas as pessoas que vinham à minha propriedade aos domingos não tinham bolsos exatamente fartos. Eu não imaginava de onde viria o dinheiro.

O dinheiro simplesmente aparecia no momento em que precisávamos. Às vezes eu nem sabia de onde ele vinha. O mais perto que chegamos de ter que parar foi num dia em que só restavam uma ou duas tábuas na pilha de materiais. Meus companheiros de trabalho ficaram pegando no meu pé porque finalmente havia acontecido: estávamos sem material e eu precisaria mandá-los para casa. Falei que, enquanto restasse uma única tábua, ainda não tínhamos terminado. Paramos para o almoço e eu fui verificar a correspondência. Na caixa de correio havia um envelope com 2 mil dólares em dinheiro vivo. Não havia nome, e até hoje não tenho ideia de quem colocou aquele dinheiro ali. Coisas assim aconteciam o tempo todo, de novo e de novo. O incrível não era o dinheiro aparecer exatamente no momento certo: ele aparecia exatamente nas quantias de que precisávamos para o próximo passo.

E assim o templo foi construído. Demorou uns três meses, até que de repente, um dia, estava pronto. Em setembro de 1975, tivemos o primeiro serviço dominical no novo templo. As pessoas levaram presentes, itens espirituais que tinham significado para elas. Um professor de religião levou uma linda estátua do Buda em madeira. Outra pessoa levou um quadro de Jesus para o altar e eu fui à minha casa e peguei minha foto predileta de Yogananda, que estivera no meu espaço de meditação desde que eu tinha ido morar lá.

Pouco a pouco, os itens no templo passaram a representar todas as religiões, todos os santos e todos os mestres. Assim como os caibros do telhado se estendiam para o céu, o templo também pertencia àqueles cuja religião era a realidade do Infinito. O templo ficava no planeta Terra, uma bola minúscula girando na vasta escuridão do espaço vazio. Ela girava ao redor de uma estrela, uma entre outros bilhões somente na nossa galáxia. Esse templo era universal ao abraçar todas as religiões e era universal ao abraçar o próprio universo em si. Assim ele passou a ser chamado Templo do Universo.

*O Templo do Universo, com seu dinâmico telhado borboleta, sendo construído em 1975.*

# 25

# Abrindo o chacra do coração

Não havia como colocar o gênio de volta na garrafa. Entre retiros, meus livros, minhas aulas e o Templo, estávamos no mapa para as pessoas interessadas em yoga e no movimento da Nova Era. Pensei que a organização de retiros para mestres espirituais visitantes era mesmo o que deveríamos fazer, porque eu continuava recebendo pedidos, um depois do outro. Antes mesmo de o Templo estar pronto, eu tinha aceitado a responsabilidade de patrocinar outro retiro para um mestre espiritual do qual nunca tinha ouvido falar. O destino determinaria que esse mestre seria uma parte importante da minha vida pelos anos que viriam.

Amrit Desai era diferente dos nossos outros visitantes indianos. Ele morava nos Estados Unidos havia muitos anos e tinha uma grande comunidade espiritual no norte. Quando chegou ao Templo, fiquei surpreso ao ver quantas pessoas ele atraía. No encontro da primeira noite o templo ficou completamente lotado. Depois do programa, que foi muito poderoso, me peguei intrigado com a energia de Amrit. Eu queria entender como uma energia tão grande podia emanar de uma pessoa, especialmente porque ele nem mesmo havia tocado em ninguém. Então fui tomado de certa ousadia. Pensei que ele era um hóspede na nossa casa, e um bom anfitrião se certificaria de cuidar bem dos convidados. Respirei fundo e fui até o quarto de hóspedes para onde Amrit havia ido. Ele parecia estar meditando, então entrei rapidamente e me sentei ao seu lado.

No momento em que me sentei, foi como se pudesse sentir algo parecido com o que ele estava sentindo. O fluxo de energia dentro de mim aumentou significativamente e eu senti que tinha sido jogado num oceano de amor. Foi uma experiência profundamente espiritual. Ficamos sentados em silêncio por um tempo, então ele se virou para mim e disse: "Não faço mais isso." E em seguida colocou a mão direita acima da minha testa. Na mesma hora senti um fluxo suave de energia quente passando para o meu corpo. O fluxo era de um poder extraordinário, e fiquei totalmente hipnotizado pela beleza da experiência. Dava para sentir a energia crescendo dentro de mim e subindo para o meu coração. Aquilo preencheu meu coração cada vez mais, até ele explodir e se abrir. Nunca senti tanto amor em toda a minha vida. Fui totalmente dominado pelo fluxo de energia que emanava da mão dele, me atravessava e depois jorrava da área do meu coração aberto. Quando Amrit afastou a mão da minha testa, eu estava tão repleto de energia que não conseguia me mexer. Quando tentei enfim me levantar, senti que havia um poderoso campo magnético preso ao meu corpo. Não conseguia falar, então não disse nada a Amrit enquanto eu saía do quarto.

Nas horas seguintes, o campo de energia ao redor do meu corpo foi lentamente recolhido de volta para o coração. Evitei tocar qualquer pessoa porque notei que o contato parecia aterrar essa energia. Por fim o campo exterior sumiu, mas não o fluxo interior. Um canal tinha sido aberto no meu coração e um fluxo quente de energia passava por ele. Assim como a poderosa meditação na floresta havia deixado um fluxo de energia que sempre subia até o ponto entre minhas sobrancelhas, o toque da mão de Amrit deixou um lindo fluxo de energia sempre passando pelo meu coração. Faz mais de 35 anos, e esses fluxos de energia jamais desapareceram, nem mesmo por um momento. Às vezes são mais fortes, às vezes são menos, mas estão sempre ali. O simples toque da mão de Amrit havia aberto permanentemente o meu chacra do coração.

Como quis o universo, a visita de Amrit também teve uma influência duradoura sobre a nossa vida. Assim como Mataji havia levantado o assunto de construir um templo na minha propriedade, Amrit encorajou as pessoas a irem ao templo regularmente, para meditações diárias. Ele jamais me perguntou o que eu achava disso, e eu quase morria a cada vez que ele encorajava as pessoas a fazer suas práticas cotidianas no meu terreno. Esse experimento de entrega estava roubando minha vida. As sessões de meditação pela manhã e no fim da tarde eram sagradas para mim. Eu não tinha o menor interesse em compartilhá-las com outras pessoas. Amrit não somente convidava os outros – ele me disse especificamente que eu deveria apoiá-los em suas práticas cotidianas encontrando-me com eles todas as manhãs e todo fim de tarde. Mais uma vez, a vida não estava pedindo: ela estava mandando.

Lembrei que eu tinha me esforçado ao máximo para me libertar de mim mesmo ao longo dos anos. Eu havia decidido encontrar outro caminho que não tivesse minha mente como conselheira espiritual. Compartilhar meu tempo de meditação com outras pessoas era apenas o próximo passo na dança com a vida que ia se desenrolando. A essa altura, eu já enxergava um padrão. Eu estava sendo continuamente jogado de cabeça numa vida centrada em servir ao crescimento espiritual de outras pessoas, não o meu próprio. Eu jamais teria decidido fazer isso de maneira consciente. Eu não era sábio nem altruísta o bastante para tomar uma decisão assim. Foi simplesmente o fruto de eu ter decidido me entregar à vida, e era nessa direção que ela me levava.

Quando eu estava construindo o Templo, minha mente ficava dizendo que aquilo era uma idiotice. Ir à minha propriedade aos domingos era apenas uma moda passageira. Logo eu ficaria com um edifício vazio no terreno. Ignorei todo esse falatório negativo e apenas continuei construindo. Depois de um tempo, quando o Templo já era usado todos os dias, de manhã e à tarde, refleti sobre esses pensamentos. Agora reflito sobre eles mais ainda, mas com o dom da visão retrospectiva. Todas as manhãs de domingo, por mais de 35 anos, entre 70 e 80 pessoas chegavam a este templo no meio da floresta. Nunca fizemos divulgação, não há placas mostrando o caminho. Mas as pessoas continuam vindo, toda semana. Do mesmo modo, sempre aparecem para as minhas palestras nas noites de segunda e quinta-feira e para o restante dos nossos programas. Parece que a vida sabia exatamente o que estava fazendo. E, como sempre, minha mente não sabia de nada.

# 26

# Ide a um ashram

Março de 1976 marcou a fundação oficial do Templo do Universo como uma organização sem fins lucrativos reconhecida em nível federal. Repassei para a organização a propriedade dos meus quatro hectares, junto com o Templo, a cabana de Donna e a minha casa. Eu tinha voltado a não possuir nada além da minha Kombi, e era exatamente o que desejava. Estava com quase 30 anos e minha vida financeira era muito simples. Ganhava menos de 5 mil dólares por ano, não tinha bens nem dívidas e não desejava nada que o dinheiro pudesse comprar. Eu gostava de não ter que lidar com questões financeiras. Queria acalmar a mente. E uma vida simples certamente ajudava. O grupo de Amrit tinha oferecido ao Templo 15% dos lucros do retiro, mas eu recusei. Não tínhamos ganhado nada com os outros retiros, e havia algo muito lindo em manter as coisas assim.

A visita de Amrit não foi o fim dos retiros nem dos mestres visitantes. Agora nosso endereço e número de telefone estavam em toda parte na comunidade Nova Era, e quem estivesse viajando pela Flórida costumava dar uma passada, nem que fosse apenas para uma palestra noturna.[1] Fizemos retiros anuais para Mataji

---

[1] Uma visita assim aconteceu quando um mestre zen estava de passagem, nos anos 1980, e pediu para comparecer ao jantar. Quando cheguei, fiquei perplexo ao encontrar Philip Kapleau, o autor de *Os três pilares do zen*, sentado à mesa. O fluxo da vida tinha me oferecido magicamente a oportunidade de agradecer a ele por sua imensa ajuda na minha jornada espiritual.

e Amrit durante muitos anos e organizamos dois grandes retiros para Ram Dass, um mestre espiritual americano que era tremendamente popular.

A essa altura, Donna já tinha se tornado uma parte indispensável da minha vida. Havia trabalho demais para uma pessoa só, e ela preenchia as lacunas à perfeição. Além de preparar os serviços dominicais, ela cuidava de todas as responsabilidades da cozinha para os retiros e até permitiu que eu levasse meu telefone para sua casa, de modo que ela passasse a atender os telefonemas para o Templo. Donna e eu acabamos passando cada vez mais tempo juntos, e um amor tremendo fluía entre nós. Os eventos dos anos anteriores não tinham acontecido apenas comigo – haviam acontecido com ela também. Isso criou um laço poderoso entre nós, e no verão de 1976 decidimos oficializar a união e nos casar.

A ideia de me casar de novo não era totalmente confortável para mim. Eu ainda me agarrava à noção de que toda essa atividade externa na minha vida era temporária. De que eu logo teria permissão para voltar aos dias dedicados inteiramente à meditação e às práticas de yoga. Esse relacionamento com Donna estava me obrigando a abrir mão dos meus conceitos sobre o que deveria estar acontecendo. Eu não procurara amor e casamento, mas o poderoso fluxo da vida conseguira me abençoar com essas duas coisas. Felizmente para mim, Donna também era muito voltada para o lado espiritual. Nós dois gostávamos do nosso tempo de silêncio e não tínhamos intenção de abrir mão das casas separadas depois de casados.

Como se as coisas não estivessem mudando rápido o suficiente, a volta para casa depois da nossa viagem de casamento até a casa de Amrit, em julho, revelou que outra fase da nossa vida havia começado. Parece que, assim que começávamos a fazer os serviços de manhã e de tarde no Templo, alguém sempre passava a noite no quarto de hóspedes. Quando voltamos, descobrimos que não somente alguém havia ficado ali o tempo todo em que estivemos longe, mas que uma mulher muito sincera, chamada Radha Kautz, tinha ficado na minha casa. Como havia acontecido com Sandy alguns anos antes, ninguém tinha me perguntado nada; ela simplesmente começou a morar lá. Donna e eu tínhamos acabado de visitar uma comunidade espiritual – agora parecia que moraríamos em uma também.

O fato é que eu nem sonhava em fundar um centro espiritual. Tudo aconteceu quando apenas me entreguei ao fluxo da vida. Apesar de haver alguma resistência interior a cada passo do caminho, eu continuei deixando fluir. Compartilhar meu local de solidão certamente não era o que eu pensava querer, mas só porque eu não entendia que servir aos outros é algo muito mais elevado do que servir a si mesmo. Hoje em dia, quase quarenta anos depois, às vezes as pessoas me perguntam como a comunidade do Templo começou. O que eu poderia responder? Sei perfeitamente que eu não fiz nada. O máximo que posso dizer é que abri mão de mim mesmo e permiti que o que era para ser... fosse.

# PARTE IV

# O negócio da entrega

# 27

# Nasce uma empresa

Em dezembro de 1976 aconteceu o evento seguinte, que resumiu a essência do meu experimento de entrega. Assim como a direção da minha vida tinha mudado com a minha entrega relutante ao aceitar ensinar a Alan Robertson, dar aulas na faculdade Santa Fe e convidar Baba para Gainesville, mais uma vez pediriam que eu fizesse algo que parecia um desvio do caminho que eu havia escolhido, mas que terminou perfeitamente alinhado com o destino da minha vida.

Eu tinha acabado de voltar para casa depois de uma aula na faculdade e estava fazendo uma caminhada silenciosa pela floresta. Virei no caminho estreito que dava diante do Templo e algo que vi me fez parar de repente. Uma radiopatrulha estava parada bem na frente do Templo. Era um negócio que intimidava, assim como o policial totalmente uniformizado junto ao carro. Em todos aqueles anos, eu jamais tinha visto um policial na área. Ele me chamou: "Você é o responsável aqui?"

A voz na minha cabeça tentava freneticamente entender o que estava havendo. *Por que tem um policial aqui? Será que tem alguma coisa errada? Será que ele olhou dentro do Templo e viu todos aqueles estranhos ícones religiosos? Isto aqui é o centro-norte da Flórida! Será que estou encrencado?*

Apesar de todo esse ruído interior, consegui emitir uma fala mais ou menos normal: "Sim, senhor, eu sou o responsável. Em que posso ajudar?"

Apontando para o templo, o policial Knowles perguntou se eu tinha construído aquilo. Quando respondi que sim, ele perguntou se eu toparia construir um anexo para a casa dele. Pelo visto, ele adorara a aparência rústica do Templo e estava impressionado com a qualidade da carpintaria. Ele vinha procurando um construtor para fechar sua garagem e transformá-la numa área de convivência.

Fiquei pasmo. Nunca havia pensado em algo assim. Claro, eu tinha construído algumas coisas no meu terreno, mas nunca tinha pensado em construir para outra pessoa – ainda mais para um policial do condado. Fiquei ali um momento, com duas respostas opostas dentro da minha cabeça. Havia a voz, que dizia: *De jeito nenhum, não quero fazer isso. Estou ocupado. Já tenho meu trabalho na faculdade Santa Fe e, de qualquer modo, não sou construtor.* Por outro lado, havia também uma consciência silenciosa, tranquila, que não precisava dizer nada. Ela simplesmente sabia que meu voto de entrega à vida exigia que eu visse aonde aquilo iria dar. Respirei fundo, olhei para o policial e disse: "Sim, eu gostaria de ajudar com o seu projeto."

Pronto, estava dito, como nas outras vezes. Agora eu veria para qual toca de coelho mágica esse novo ato de entrega iria me levar.

O policial Knowles era o cliente perfeito para o meu primeiro trabalho de construção. Ele sabia exatamente o que desejava e assumiu todos os custos à medida que iam se apresentando. Isso era essencial, já que eu não tinha condições de fazer um orçamento exato nem de pagar eu mesmo pelos materiais. Dado o que eu estava acostumado a ganhar naqueles dias, tenho certeza de que realizei o serviço por um preço muito menor do que qualquer outro profissional. Como eu precisaria de um ajudante, Radha, uma das nossas novas moradoras do Templo, se ofereceu. Ela estava no recesso de Natal da universidade e garantiu que era capaz de usar um martelo e carregar peso. Vestimos nossos aventais e lá fomos nós para a cidade, para construir.

O serviço, inesperado, que saiu totalmente do nada, se tornou o início da minha empresa de construções, a Built with Love – construído com amor. O policial Knowles ficou tão satisfeito com o resultado que espalhou a notícia. Em pouco tempo, eu estava fazendo numerosos serviços de reforma de casas para policiais e funcionários do departamento do xerife do condado de Alachua. Eu ainda usava rabo de cavalo e sempre calçava sandálias, mas ninguém parecia se importar. Radha só podia ajudar em meio período, então cheguei a fazer alguns serviços sozinho. Eu tratava cada trabalho como uma dádiva do próprio universo – porque era isso mesmo. Assim como os retiros tinham me ensinado a servir, fazer reformas na casa de todas aquelas pessoas maravilhosas se tornou parte das minhas práticas espirituais. Recebi a oportunidade de levar alegria para a vida de gente que eu nem conhecia. Eu gostava muito desse aspecto do trabalho e faria os serviços de graça. Mas não era isso que estava acontecendo. Eu precisaria aprender a aceitar pagamentos e administrar um negócio. A vida estava me obrigando a abrir mão da minha autoimagem espiritual e eu permanecia muito atento para não substituí-la por outra. Simplesmente punha todo o coração em qualquer coisa que estivesse fazendo. Não havia diferença entre dar aulas na faculdade Santa Fe, receber as pessoas para serviços da manhã e da tarde no Templo, organizar retiros espirituais ou trabalhar em uma construção. Todas essas tarefas tinham uma coisa em comum: haviam chegado até mim depois que me entreguei ao fluxo incompreensível da vida.

# 28

# O mestre de obras

Quando uma coisa tem que ser, é fascinante observá-la se desenrolar, um acontecimento após o outro. Para começo de conversa, eu precisava lidar com o dinheiro que entrava. Eu cuidava de serviços pequenos de reforma, mas eles rendiam muito mais dinheiro do que eu estava acostumado a ver. Por acaso Radha tinha alguma experiência com contabilidade. Durante as férias de verão ela ajudava no departamento de contabilidade do Florida Farm Bureau, do qual seu pai era presidente. Eu nunca tinha visto alguém usando uma máquina de somar com a rapidez de que seus dedos eram capazes, voando sobre as teclas. Eu tinha feito o curso básico de contabilidade na faculdade, e assim, juntos, organizamos os livros da empresa. Imagino que Harvey, meu cunhado que era contador certificado, tenha ficado surpreso quando telefonei para ele pedindo orientação sobre a abertura de uma empresa. Ele preencheu a papelada para oficializar a Built with Love e se ofereceu para examinar os livros e cuidar da declaração anual de impostos. Essa devia ser a menor empresa do mundo que contava com a colaboração de um contador certificado. Como sempre, para mim tudo parecia enorme, até que o evento improvável seguinte aconteceu.

Pouco depois do início da Built with Love, estávamos no campo num domingo, depois dos serviços. Nossa tradição era nos reunirmos num grande círculo para os anúncios comunitários antes de compartilhar chá com biscoitos. Depois dos anúncios, um homem veio até mim e disse que tinha ouvido dizer que eu estava fazendo trabalhos de construção. Quando respondi que sim, ele perguntou se eu gostaria de ter uma licença de empreiteiro. Até então todas as permissões necessárias ficavam por conta do proprietário, mas seria bom ter uma licença de empreiteiro para o caso de algum empreendimento maior aparecer. Eu respondi que estava interessado, ao que ele disse que tinha uma licença que eu poderia usar. O sujeito tinha a aparência de um hippie dedicado, e eu não imaginava como poderia ser um empreiteiro licenciado. Perguntei como ele havia conseguido. Ele contou que alguns anos antes houvera um período de disputas entre as agências licenciadoras do condado e do estado. Durante esse tempo, qualquer um que preenchesse a papelada obtinha uma licença de empreiteiro. Ele tinha feito isso e agora possuía uma licença ativa. Parecia bom demais para ser verdade. No dia seguinte, liguei para o condado e perguntei sobre o número de licença que ele tinha me fornecido. Fiquei sabendo que a licença estava ativa e em boa situação e que eu podia fazer qualquer acordo para a Built with Love passar a usá-la.

Como se o fluxo da vida já não tivesse me impressionado o suficiente, agora eu era um empreiteiro licenciado. E isso foi bom, porque logo eu teria um projeto de construção muito especial a ser realizado na propriedade do Templo. Parecia que a casinha de Donna, de 4 por 5 metros, não bastaria para acomodá-la com o bebê que ela estava esperando. Apenas alguns meses antes eu não teria os meios para construir um anexo à casa dela. A perfeição do Fluxo Universal ao qual eu vinha me entregando tinha cuidado do problema antes mesmo que eu sequer soubesse que ele existia. Não tínhamos mudado nosso estilo de vida, de modo que o dinheiro que a Built with Love ganhara seria aplicado de volta no Templo. Derrubei uma lateral inteira da casinha de Donna e construí um anexo, que incluía um espaço para um berço e um banheiro de verdade.

Nossa filha, Durga Devi, nasceu em agosto de 1977. Amrit, Mataji e muitos outros mandaram presentes tradicionais de bênçãos para saúde, prosperidade e espiritualidade. Ela nasceu no que havia se tornado uma comunidade espiritual. Seria muito interessante vê-la crescer.

Você poderia pensar que estava na hora de sossegar e digerir todas as mudanças que haviam acontecido na nossa vida. Eu sempre tinha vivido de acordo com meus meios, mesmo quando ganhava 350 dólares por mês como professor em meio período na faculdade Santa Fe. Agora a Built with Love me rendia alguns milhares de dólares por mês, além do salário como professor. Certamente não havia necessidade de uma renda maior – pelo menos era o que eu pensava. Para mim havia se tornado um padrão achar que um fluxo de energia havia chegado ao fim, quando, na verdade, ele havia apenas começado. Era uma coisa boa eu estar seguindo a energia, e não a conduzindo, porque o Plano Universal era sempre muito mais expansivo do que minha mente poderia imaginar.

Pouco antes de Durga nascer, recebi um telefonema de uma empresa querendo converter uma loja de bebidas de Gainesville em uma loja de roupas. Eu nunca havia feito um trabalho comercial, mas agora isso era permitido, usando a licença da Built with Love. A essa altura eu já tinha uma equipe fazendo a maior parte do trabalho e andava de um lado para outro numa picape, bancando o empreiteiro. Aceitei o serviço. Mas, antes mesmo do início do trabalho, a diversão começou. A encarregada de abrir a loja ligou para mim e insistiu que eu fosse imediatamente a uma reunião. Quando cheguei, ela explicou que eles tinham mudado de ideia e precisavam de um trabalho extra. Eu me ofereci para pensar numa mudança no preço, mas ela ficou muito furiosa e disse que não se importava com o custo. Queria que o serviço fosse feito imediatamente. À medida que a energia dela ficava mais intensa, comecei a acalmar a respiração e me concentrar no meu mantra. Mesmo naquela época eu ainda usava meu trabalho no mundo como uma oportunidade para abrir mão de mim mesmo e permanecer calmamente centrado. Com educação, mas meio brincando, perguntei se ela queria que eu fosse ao lugar onde minha equipe estava trabalhando, tirasse todo mundo de lá e colocasse no serviço extra imediatamente. Eu soube que estava encrencado quando ela respondeu: "Sim, é exatamente isso que eu quero." Então lhe disse que seria uma proposta cara. Ela retrucou afirmando, com todas as letras, que estava com um cronograma muito apertado e que durante todo o serviço exigiria muito de mim, mas que sua empresa estava disposta a pagar o necessário para que tudo fosse feito a tempo. Garanti que me esforçaria ao máximo para ajudá-los.

Ao longo de todo o serviço, ela ficava mudando as coisas e querendo que tudo fosse feito para ontem. Mas também não parava de me dar dinheiro para garantir que eu permanecesse motivado. Completei o trabalho praticamente na metade do tempo determinado no início, apesar de todas as mudanças. Com todos os bônus, mudanças de pedidos e cobranças de horas extras, saí desse serviço de apenas quatro semanas com um lucro de cerca de 35 mil dólares. Lembro da quantia porque era muito mais do que os poucos milhares por mês que eu vinha ganhando e por causa do que aconteceu em seguida. Recebi um telefonema de uma vizinha, dona de um dos terrenos de dois hectares adjacentes à nossa terra. Ela construíra dois chalés muito rústicos em sua propriedade, mas agora tinha decidido se mudar. Disse que aceitaria 37 mil dólares se eu pudesse dar a entrada que ela queria.

Seria eufemismo dizer que fiquei comovido com o fato de ter acabado de ganhar quase exatamente a mesma quantia com aquele serviço muito esquisito. Vi ali um fluxo sincrônico do qual jamais me esqueceria, pelo resto da vida. Será que aquilo fazia parte de algum Plano Universal para a expansão do Templo para além dos quatro hectares originais? Eu não tinha interesse em fazer isso, nunca havia nem mesmo pensado no assunto. Mas o dinheiro estava ali, e era óbvio a que ele se destinava. Nada disso tivera a ver comigo – eu era apenas o intermediário, o encarregado. Não sentia que o dinheiro fosse meu. Nunca o havia pedido nem me esforçado para conseguir um único trabalho para a Built with Love. Os serviços simplesmente vinham pelo boca a boca, um depois do outro, e eu os realizava do melhor modo que podia. Agora eu só precisava sair do caminho e deixar que o dinheiro do serviço muito esquisito fosse usado para comprar a propriedade da nossa vizinha em nome do Templo.

## 29

# Banco comunitário

Menos de um ano tinha se passado desde que Radha e eu havíamos terminado a reforma na garagem do policial Knowles. A Built with Love havia crescido tanto que eu administrava duas equipes e Radha era gerente de escritório/contadora em tempo integral. Não somente estávamos conseguindo mais e mais trabalhos, como eles iam ficando cada vez maiores. Em setembro de 1977, pouco depois do trabalho da loja de roupas, aconteceu o inevitável: um jovem casal pediu que eu construísse uma casa para eles.

Até esse ponto a Built with Love vinha fazendo reformas, e o financiamento do serviço ficava sempre por conta do proprietário. Mas a construção de uma casa exigiria um empréstimo de construção entre a empresa e um banco. Eu não possuía nenhum bem no meu nome; tinha transferido tudo para o Templo. Todo o lucro que a Built with Love alcançara também fora doado ao Templo. Assim, nem a empresa nem eu tínhamos o balancete necessário para obter o primeiro empréstimo para uma construção. Simplesmente adotei a atitude de que, se iríamos construir casas, alguma coisa apareceria para resolver a situação.

Montei um portfólio para a Built with Love incluindo algumas referências de serviços que tínhamos feito, além de nossos nove meses de história financeira. Não tínhamos ganhado nem 100 mil dólares ainda. Assim, para mostrar que eu tinha experiência construindo casas, listei as construções que eu tinha feito nas minhas terras. Deixei o portfólio em vários bancos, junto com os pedidos de empréstimo. Quando chegou a hora de acompanhar o resultado do pedido, fui de banco em banco e recebi uma rejeição após a outra. A Built with Love não tinha o perfil necessário para um primeiro empréstimo para construção.

Antes de desistir, fiz um jogo com a vida. Concordei em ir a apenas mais um banco antes de aceitar a negativa como um sinal de que a construção de casas não estava no nosso futuro. Lembro-me de estar sentado no saguão de um dos melhores bancos no centro de Gainesville. Fazia um tempo enorme que eu estava esperando um gerente de empréstimos, mas outras pessoas foram passando na minha frente. Era desanimador, mas usei esse tempo para me concentrar em abrir mão de qualquer coisa que a voz estivesse dizendo sobre a situação. Isso era algo que eu havia percebido: administrar a empresa estava me colocando em situações muito diferentes das que eu tinha experimentado vivendo sozinho na floresta. Achei isso muito útil para meu crescimento espiritual. Ao observar diferentes partes da minha psique sendo estimuladas, pude aprender a abrir mão delas. Sem perceber, eu tinha me tornado consciente o bastante para usar o tempo sentado num banco, me preparando para a inevitável rejeição do empréstimo, como uma oportunidade para não me envolver com o que a voz dizia. Se todo o objetivo da minha entrega à vida era me livrar de mim mesmo, isso estava funcionando muito bem.

Por fim, a recepcionista que estivera passando todos os clientes na minha frente pediu que eu a acompanhasse. Mas ela não me levou na direção dos gerentes de empréstimos na área aberta do banco. Ela me conduziu até uma sala que ficava acima do saguão. Quando bateu à porta, notei a placa com o nome: Jim Owens – Gerente-Geral da Filial. Fiquei meio chocado, mas o que aconteceu em seguida me chocou muito mais. Fui convidado a entrar na sala e o gerente ocupou seu lugar atrás da mesa. Começou dizendo que, apesar de meu pedido não atender aos critérios normais estabelecidos pela comissão de empréstimos, ele acreditava que um banco comunitário deveria tentar apoiar as empresas da comunidade. Parece que Jim Owens havia se interessado tanto pelo meu pedido que fora de carro até minhas terras para olhar pelas janelas da minha casa e do Templo. Depois ainda tinha ido pessoalmente à comissão de empréstimos para levar meu pedido. Ele estava ali para me dizer que o pedido do empréstimo para a construção, de 20 mil dólares, tinha sido aprovado, mas que o pescoço dele estava na reta, e era melhor eu não decepcioná-lo.

O que eu poderia dizer a esse homem? Quem eram essas pessoas, afinal: Alan Robertson, Rama Malone, o policial Knowles? Eles eram como mensageiros mandados por Deus para me dizer o que eu deveria fazer com minha vida: dar aulas na faculdade Santa Fe, convidar Baba a Gainesville, começar a Built with Love, ir em frente e construir casas. Eu só podia agradecer e garantir que preferia morrer a decepcioná-lo.

O jovem casal ficou felicíssimo e nós construímos uma linda casinha para eles. E mais: agora a Built with Love estava em condições de começar a construir casas maiores, personalizadas. Eu me senti muito honrado por ter conhecido um homem como Jim Owens. Jamais pensei que o gerente-geral de um banco se esforçaria tanto para ajudar um completo desconhecido – ainda por cima um desconhecido que vivia numa comunidade espiritual. Obviamente eu tinha muito a aprender.

Se eu tivesse pensado que esse era o fim da minha história com Jim Owens, estaria muito enganado. Uma década mais tarde, depois de eu alcançar um sucesso significativo nos negócios, a mão da vida nos reuniu de novo nas circunstâncias mais improváveis. Uma noite eu estava trabalhando até tarde na casa de Donna e decidi fazer uma pausa. Não havia nada na TV, então fui até uma nova videolocadora que eu tinha notado no lado norte de Gainesville. Devo dizer que eu praticamente nunca ia à cidade à noite. A locadora estava vazia, a não ser pelo funcionário atrás do balcão. Enquanto eu examinava os filmes no fundo da loja, não pude deixar de ouvir a conversa do homem ao telefone. Ele estava dizendo a alguém que tinha ido a um banco pedir um empréstimo de capital de giro, mas parecia que o banco não iria emprestar a uma locadora pequena. O homem me parecia vagamente familiar, mas não consegui lembrar quem era. Quando fui retirar o filme, percebi: o sujeito atrás do balcão era Jim Owens.

Jim me reconheceu e nós pusemos em dia os acontecimentos dos dez anos desde que tínhamos nos conhecido. Ele disse que havia saído do banco e agora estava tentando empreender. Sem graça, falei que não pude deixar de ouvir a conversa dele sobre a necessidade de um empréstimo. Pensando no que ele tinha feito por mim anos antes, perguntei se poderia ajudar. Ele pareceu muito surpreso com a oferta, mas acabou revelando que precisava de um empréstimo de cerca de 20 mil dólares para cobrir o fluxo de caixa enquanto expandia a loja. Era praticamente a mesma quantia que ele havia conseguido para mim dez anos antes, quando nossos papéis estavam trocados. Mal pude acreditar que isso estava acontecendo. Qual seria a probabilidade desses acontecimentos? Como era possível eu estar na locadora logo depois de o banco rejeitar o pedido de empréstimo e exatamente no momento daquela conversa telefônica? Era como se, depois de dez anos, eu tivesse sido mandado ali para retribuir o ato de gentileza de Jim. Não preciso dizer que me senti honrado em emprestar o dinheiro a ele.

# 30

# A expansão contínua do Templo do Universo

Na primavera de 1978 a Built with Love estava construindo belas casas personalizadas e fazendo grandes reformas residenciais. Mais ou menos nessa época parei de dar aulas na faculdade Santa Fe. Fui convidado a ficar, mas apenas se fosse em horário integral, e eu precisaria usar um livro didático padrão de sociologia em todas as aulas. Não foi como se eu precisasse tomar uma decisão; a vida já me dera um trabalho em tempo integral. A essa altura, a transição para a Built with Love já havia acontecido. Não experimentei nem um pouco da resistência mental que estivera presente nos meus períodos de mudança anteriores. Como uma cobra trocando de pele, essa transição aconteceu naturalmente.

Pouco depois de sair da Santa Fe, fui contratado para construir uma linda casa para Tom Jenkins, golfista profissional da PGA Tour. Por acaso os Jenkins tinham comprado um terreno pertinho do Templo. Só havia um lote entre nosso campo e o terreno deles. Para mim foi como outro milagre: eu podia construir a casa personalizada mais legal de todas a alguns passos da minha própria casa. E, se achei isso especial na época, fico imaginando o que acharia se soubesse que um dia eu acabaria sendo dono daquela casa também, que seria o lar perfeito para alguns moradores do Templo.

Isso levanta um assunto muito interessante: a expansão do Templo do Universo. No fim de 1978, tínhamos seis ou sete pessoas morando na propriedade do Templo. Cobrávamos aluguel de todo mundo que morava ali e, apesar de não ser muito, pelo menos ninguém abusava da nossa boa vontade. A Built with Love nos ensinou a administrar uma pequena empresa, e Radha cuidava das coisas do Templo do mesmo modo profissional.

Como quis o destino, a pessoa que se mudou para nosso único chalé com cozinha adorava preparar refeições vegetarianas. Não demorou muito até todos começarmos a sempre ir àquela casa para o jantar. Também íamos lá para as reuniões nos feriados e festas de aniversário. Isso era o máximo de vida comunal que tínhamos. As pessoas que moravam no Templo deviam comparecer aos serviços da manhã e da tarde e pagar aluguel – o que não era muito difícil. Além disso, também deveriam se esforçar ao máximo para não se deixar levar pelo falatório incessante da mente pessoal – o que era muito mais difícil.

Parecia que a Built with Love continuava ganhando apenas dinheiro suficiente para permitir que comprássemos propriedades vizinhas que eram postas à venda. Transformei isso num jogo com a vida: se uma propriedade vizinha fosse colocada à venda e tivéssemos verba suficiente para comprá-la, o Templo compraria. Além disso, também era fascinante observar como as pessoas certas apareciam para ocupar aquelas casas.

Algumas histórias incríveis de como as pessoas foram parar no Templo tiveram um efeito profundo na minha disposição em me entregar ao fluxo da vida. Era como se as pessoas fossem escolhidas a dedo para aparecer no momento exato do crescimento espiritual delas – e do nosso. Talvez nenhuma história seja mais espantosa do que a de uma estudante que acabou morando no Templo por muitos anos. Lembro que a conheci quando estava dando aulas na faculdade Santa Fe, num inverno perto do fim do meu período como professor. Eu tinha entrado numa sala e os alunos estavam reclamando que o aquecimento excessivo os estava deixando sonolentos. Fui até uma janela, abri-a e comecei a abanar a mão para levar ar fresco para dentro da sala.

Pouco depois uma nova aluna entrou na sala e se sentou. Muitos alunos ouvintes assistiam às minhas aulas, por isso não pensei nada a respeito. Também não pensei nada quando essa mesma aluna começou a comparecer aos serviços de meditação no Templo. Ela era muito sincera em suas práticas espirituais e acabou se mudando para uma das casas na propriedade do Templo. Somente anos depois ela me contou que tinha desejado ir às minhas aulas durante muito tempo, mas que era tímida demais. Chegou a ficar com os olhos cheios de lágrimas quando me contou como agradecia por eu tê-la visto embromando no lado de fora, naquele dia, e ter acenado da janela para chamá-la para dentro. Fiquei perplexo ao conhecer a visão dela acerca dos acontecimentos daquele dia. Quando contei meu lado da história, ela percebeu que na verdade era a mão da vida que a havia chamado para superar seus temores e entrar na sala.

Coisas assim viviam acontecendo. Eu me comprometi profundamente a servir ao desenrolar dessa força. De fato, se você me perguntasse no final de 1978, eu diria que tinha entregado toda a minha vida ao Fluxo Universal e que ele agora dominava cada momento. Ele me ensinou como manter práticas espirituais regulares ao mesmo tempo que trabalhava no mundo e a apoiar os outros a fazerem o mesmo. Me ensinou a construir e administrar uma empresa bem-sucedida que sustentaria o trabalho espiritual cada vez maior. Me ensinou também a servir aos outros patrocinando retiros em todo o estado para importantes figuras espirituais e oferecendo um lar para até uma dúzia de pessoas muito especiais e sinceras. Eu via esse trabalho como algo que poderia continuar a crescer de modo linear. Jamais imaginaria que ainda não tinha visto nada. Estaria além da minha compreensão o fato de tudo que eu tinha aprendido até ali ser apenas o alicerce para o que viria em seguida. Ninguém adivinharia que tudo que acontecera naqueles primeiros estágios do meu experimento de entrega era apenas o lançamento de um foguete partindo para as estrelas.

# 31

# A metamorfose de uma criatura

Antes de começarmos a falar do tremendo crescimento do Templo na década de 1980, eu gostaria de contar outro aspecto da minha vida que estava me ensinando muito sobre a entrega: meu trabalho na penitenciária. Não importava quão ocupado eu estivesse, sábado sim, sábado não eu passava um tempo na prisão. Quando Radha terminou a faculdade, começou a me acompanhar nessas visitas. Além disso, ela também cuidava da correspondência cada vez maior com os detentos e levava livros que eles pediam sobre o tema. Se fosse necessário, eu teria reorganizado minha vida por completo para não perder nenhuma daquelas visitas.

É difícil explicar como aqueles homens trancados numa prisão de segurança máxima se tornavam praticantes sinceros e levavam muito a sério a própria libertação interior. As paredes podiam conter o corpo deles, mas nada conseguiria aprisionar sua alma – a não ser a mente deles. Eles enxergavam isso num nível muito profundo. Eu ensinava meditação e um pouco de yoga. Mas, acima de tudo, o que mais discutíamos era como abrir mão de nós mesmos. Eles aprendiam a observar aquela voz dentro da cabeça e a não dar ouvidos a todo o lixo que ela produzia. Depois da minha palestra tínhamos sessões de compartilhamento em grupo. Às vezes um dos homens relatava um incidente acontecido durante a semana, em que aquela voz o havia mandado fazer algo idiota. Ele falava sobre aquele breve momento de tomada de consciência em que precisaria escolher se iria ouvi-la ou não. Invariavelmente, enquanto contava a história, o interno começava a rir de como, no passado, teria expressado imediatamente aquele comportamento destrutivo. Dessa vez ele apenas deixara pra lá. Meu coração se derretia ouvindo-os compartilhar uns com os outros o modo de fazer isso: como abrir mão de si mesmo. Nenhuma palavra pode expressar como eu me sentia honrado e grato porque, por um feliz acaso, a vida tinha me levado àquelas sessões.

A maior parte do meu grupo estava ali cumprindo prisão perpétua, mas de vez em quando alguns eram mandados para outra instituição. Os que ficavam na Union Correctional Institution por muito tempo formavam laços profundos e se incentivavam mutuamente na vida espiritual. Com frequência alguém do grupo levava os ensinamentos tão a sério que se tornava líder dos outros. Vou contar a história de uma dessas pessoas improváveis por ser uma ótima ilustração do poder da entrega.

Conheci David em 1975. Meu grupo estava reunido no andar de cima, na capela da Union Correctional Institution, quando um homem muito grande foi até a frente e se sentou perto de mim. Ele tinha o tamanho de um jogador de futebol americano. Não era gordo, apenas grande. Depois da minha palestra ele veio até mim e disse: "Oi, meu nome é Criatura, e sou um membro dos Outlaws."

Eu tinha ouvido falar dos Outlaws; era uma gangue de motoqueiros como os Hells Angels. Eu me levantei, lhe estendi a mão e disse: "Oi, meu nome é Mickey."

Foi meu primeiro contato com um sujeito chamado Criatura.

O nome escrito na camisa do Criatura era DAVID CLARK. A partir desse dia ele ia a todas as minhas aulas. A maior parte do meu grupo era formada de negros ou hispânicos, e David se destacava como um sulista branco. Fiquei intrigado pensando no que manteria uma pessoa com a história dele nesse grupo. Pouco a pouco, vi que ele era muito sincero no desejo de se aperfeiçoar e crescer espiritualmente. Ele começou a pedir vários livros. Começou com *Autobiografia de um iogue*, de Yogananda. Algumas visitas mais tarde notei que Criatura estava andando com uma foto de Yogananda. Eu não sabia o que pensar daquela pessoa muito sincera e inteligente que estava cumprindo várias penas de prisão perpétua devido ao que havia feito quando era um dos líderes de uma das gangues de motoqueiros mais violentas do país. Devo dizer que senti um amor tremendo por ele e fiquei profundamente honrado pelo fato de a vida nos haver reunido nesse importante estágio do seu crescimento.

Em geral David me abordava depois da aula e fazia algumas perguntas muito profundas, que indicavam que ele estivera meditando muito. Pela sua interação com os outros do grupo, dava para ver que David organizava sessões de meditação para os homens em seu bloco de celas. Isso continuou ao longo de anos. David se tornou um líder que obviamente era amigo do restante do grupo e respeitado por todos.

Um dia ele chegou perto de mim e disse que havia acontecido uma coisa que afetaria sua capacidade de frequentar o grupo. Aparentemente as autoridades tinham descoberto corpos de membros de uma gangue rival de muitos anos antes, e David e alguns outros Outlaws seriam acusados. Ele não pareceu perturbado com essa reviravolta. Na verdade, me disse que via isso como um modo de elaborar um pouco do seu carma. Ele tinha feito coisas ruins no passado e queria ter a oportunidade de elaborá-las. Foi uma lição de humildade ver como David estava completamente entregue e em paz com a situação.

Enquanto esperava o julgamento, David foi posto em isolamento nas celas de segurança máxima num prédio conhecido como "A Rocha". A Rocha abrigava as celas originais da UCI, que remontavam a 1925. As condições de vida ali eram tão atrozes que ela foi finalmente demolida em 1999, por ordem judicial. Eu não tinha permissão para ver David enquanto estivesse em confinamento, mas ele me escreveu contando que vinha passando horas por dia em meditação e entoando mantras.

Uma vez, quando Amrit ia fazer um de seus retiros anuais, David nos escreveu falando quanto significaria para ele conhecer um grande iogue como Amrit. David sabia que, devido à sua condição, isso jamais aconteceria. Mas dava para sentir a sinceridade de sua devoção emanando da carta. Mandei a carta para Amrit e perguntei se ele estaria disposto a visitar David se eu conseguisse tomar as devidas providências. Amrit nunca estivera numa prisão, mas ficou muito comovido com a carta e com toda a história de David. Ele simplesmente respondeu: "Como eu poderia não ir?"

Usei todos os contatos que eu tinha na penitenciária. Ao longo dos anos eu havia me tornado muito íntimo do capelão, e o diretor me conhecia por causa das doações que havíamos feito. Todos os anos depois da fundação da Built with Love, doávamos milhares de dólares para melhorar a capela e ajudar o capelão a atender melhor às necessidades dos internos.

Acabei recebendo permissão para uma visita de Amrit a David. As condições eram muito rígidas. David não poderia sair; Amrit e eu precisaríamos entrar na área de isolamento na Rocha para encontrá-lo. Jamais me esquecerei daquele dia. Amrit usava um manto bege que fluía enquanto ele andava. Quando passamos pelo portão principal da prisão, permanecemos em silêncio porque ele queria sentir como era morar ali dentro. Eu jamais poderia descrever como foi entrar na Rocha. Cada ala por onde passávamos era formada apenas de uma fileira de celas gradeadas de um dos lados voltada para uma parede de pedras do outro. Não havia uma gota de cor em lugar nenhum. Mas não estávamos indo para uma daquelas celas. Fomos levados direto pelos corredores até uma área escura onde não havia janelas. Essa era a área de confinamento da Rocha. Fomos levados então a uma cela mal iluminada que devia ser usada para visitas. Era uma cela individual com um vaso sanitário imundo bem no meio. Havia uma pequena mesa quebrada, três cadeiras e nada mais. Amrit e eu ocupamos nossos lugares junto à mesa bamba enquanto vários guardas permaneciam de pé ao redor.

Depois de um tempo, David foi levado à cela com as mãos e os pés algemados. Para mim, ele estava lindo. Fiquei feliz demais por vê-lo de novo. Nós nos abraçamos e eu o apresentei a Amrit. Todos ocupamos nossos lugares à mesa, com David sentado diante de Amrit. Ficamos ali por um longo tempo, David com a cabeça baixa. A energia na sala parecia com a do Templo depois de Amrit terminar de entoar mantras. Era tão forte que a gente mal conseguia pensar. Nenhuma palavra foi dita, até que Amrit perguntou o que David estava sentindo. Ele levantou a cabeça para falar, e pude ver seu rosto pela primeira vez. Lágrimas escorriam pelas bochechas, e o rosto estava tomado por uma luz suave. Num sussurro, David disse: "Acho que estou sentindo quanto amor você tem por mim, porque estou completamente tomado pelo amor."

Foram as únicas palavras ditas naquele dia. Ficamos sentados em silêncio por mais um tempo e os guardas levaram David de volta para o confinamento. Amrit e eu fomos escoltados para fora daquele buraco escuro, passamos pelas alas de celas e saímos da Rocha. Nos deixaram sozinhos para encontrar o caminho até o portão da frente.

Enquanto meus olhos se acostumavam à luz do sol, fui dominado por um único pensamento. Nesta Terra existem muitos lugares diferentes onde as pessoas vivem. Alguns são elevados e outros são inferiores. Aquele buraco onde David estava morando, trancado numa solitária, uma verdadeira prisão dentro de uma prisão, devia ser um dos lugares mais inferiores em que um ser humano poderia parar. Não era possível descer muito mais. No entanto, a sinceridade de sua prática espiritual tinha atraído um dos seres mais elevados do planeta para aquele buraco escuro.

Nunca pude perguntar a David o que ele experimentou naquele dia, mas ele estava reluzindo quando saímos. Lembrei-me do que eu tinha experimentado na noite em que Amrit pôs a mão na minha testa. Uma paz profunda me dominou enquanto eu percebia que meu querido amigo David poderia levar aquela avassaladora experiência de amor com ele pelo resto da vida.[2]

---

[2] Para quem se interessar, no julgamento David se colocou à mercê do tribunal. Com base em sua ficha de comportamento na prisão, ele foi condenado à prisão perpétua a ser cumprida junto com sua pena atual. Em essência, pôde elaborar seu passado sem acrescentar um único dia à sua sentença. Pouco depois dessa provação, David foi transferido da UCI. Fiquei sabendo que ele obteve o status de "interno de confiança" em sua nova penitenciária e que estava trabalhando na capela. Depois disso perdi o contato com ele.

# PARTE V

# O nascimento de algo inestimável

## 32

# Do eu pessoal ao computador pessoal

Era o outono de 1978 e, quando eu menos esperava, aconteceu algo que mudaria tudo de novo. É muito inspirador olhar em retrospecto e ver como alguns momentos na vida definem nosso destino. E se a vida não tivesse apresentado esses momentos ou se você tivesse interagido com eles de outro modo? Com o tempo, tudo seria diferente.

Eu achava que sabia o que eu deveria fazer naquela época: administrar a Built with Love do melhor modo que eu pudesse e usar o dinheiro para sustentar o trabalho lindo feito graças ao Templo. Como sempre, eu estava enganado, muito enganado. O que a vida reservava para mim era muito mais grandioso, tanto em tamanho quanto em alcance. Como eu poderia imaginar que terminaria administrando uma empresa de programas de computador que faturava 300 milhões de dólares por ano, com 2.300 pessoas prestando contas a mim, tudo isso sem sair da floresta em Alachua e sem deixar de lado minhas buscas espirituais? Como o fluxo dos acontecimentos na vida podia fazer isso – sobretudo porque eu jamais havia tocado num computador em toda a minha vida e estava totalmente satisfeito com minhas finanças? Sentado aqui hoje, se eu fosse obrigado a responder a essa pergunta, pronunciaria a palavra *entrega*. Meu experimento de entrega incondicional tinha me ensinado a estar sempre no momento presente e fazer o máximo para não permitir que minhas preferências pessoais tomassem as decisões por mim. Em vez disso permiti que a realidade da vida determinasse para onde eu estava indo. Naquele ponto, ela me levava numa jornada fantástica e estava prestes a fazer algo fenomenal com os próximos trinta anos da minha vida. Se quiser saber como esses acontecimentos fenomenais se desenrolaram numa sequência perfeitamente coreografada, eu me sentirei muito honrado em compartilhar essa história com você.

Tudo começou num dia comum, quando entrei numa loja Radio Shack da vizinhança para comprar alguma coisa para a Built with Love. Na saída notei o que parecia ser um teclado de máquina de escrever, de plástico, preso a uma tela de TV de doze polegadas. Os dois itens estavam marcados com uma placa onde estava escrito COMPUTADOR TRS-80. Por força do destino, eu tinha acabado de encontrar um dos primeiros computadores pessoais do mercado. Sendo curioso, fui até a máquina e pressionei algumas teclas. Como num passe de mágica, as letras que eu apertei apareceram no monitor acima. Eu nunca havia experimentado isso na vida. Tinha feito apenas um curso de introdução aos computadores na faculdade, e só perfurávamos cartões. Jamais tínhamos permissão de chegar perto das estações de trabalho conectadas ao computador propriamente dito.

Fiquei absolutamente fascinado com aquele aparelho na Radio Shack. Ele abriu dentro de mim alguma coisa que só pode ser descrita como amor à primeira vista. Brinquei com a máquina por um longo tempo. Fiquei maravilhado ao digitar cálculos matemáticos simples e complexos e ver os resultados na tela. Finalmente me afastei à força do aparelho, mas sabia que iria voltar. Desde a primeira vez que toquei naquela máquina, senti um chamado interior vindo dos recessos mais profundos do meu ser. Eu não tinha escolha, a não ser me entregar a ele. Quando voltei à Radio Shack alguns dias depois para pagar 600 dólares pelo melhor computador deles, eu realmente não tinha ideia do que faria com aquela coisa quando chegasse em casa. Só sabia que precisava tê-la.

Meu primeiro computador foi um Radio Shack TRS-80

Modelo I, com apenas 16k de memória, monitor de doze polegadas e um gravador de fitas cassete padrão para armazenamento. Só existia isso na época. Ele vinha com um manual do usuário simples para a linguagem de programação BASIC, e só – você ficava praticamente por conta própria.

Quando levei o computador para casa, mergulhei no aprendizado dos comandos de programação tentando ver o que eles eram capazes de fazer. Por algum motivo tudo era muito natural para mim. Não parecia que eu estava aprendendo uma coisa nova; era como se estivesse me lembrando de algo que sempre soubera. Minha mente ficava muito quieta no momento em que eu me sentava diante da máquina. Era como entrar em meditação. A energia se elevava e se concentrava lindamente no ponto entre as sobrancelhas e uma paz me dominava. Pelo jeito, eu estava destinado a trabalhar com aquele computador. Não questionei – apenas continuei a me entregar ao que estava acontecendo.

Antes de o computador aparecer eu já tinha dois empregos em horário integral: o Templo do Universo e a Built with Love. Para arranjar tempo para o meu novo computador, comecei a voltar para o trabalho depois do serviço do fim da tarde. Frequentemente trabalhava até de madrugada, dormindo apenas duas ou três horas antes de me levantar para o serviço da manhã. Ficava inspirado de um jeito tão passional lidando com o computador que não me cansava. Para mim ficou claro, mesmo naquela época, que algo muito especial estava acontecendo.

Brinquei de escrever alguns programas só para sentir o que aquela coisa era capaz de fazer. Em poucas semanas decidi que estava pronto para escrever um programa de verdade. A primeira tarefa que atribuí a mim mesmo foi escrever um sistema de contabilidade para a Built with Love. Precisei aprender tudo sozinho. Os vendedores na Radio Shack não sabiam nada de programação e eu não conhecia mais ninguém a quem perguntar. Fui por tentativa e erro.

Assim que terminei o sistema de contabilidade da Built with Love, minha capacidade de programação progrediu muito rapidamente. Eu tinha feito amizade com o gerente da loja da Radio Shack, e sempre que ia lá mostrava materiais impressos do trabalho que vinha fazendo. Ele ficou impressionado com o que eu conseguia que a máquina fizesse e começou a perguntar se poderia me indicar alguns clientes. Para minha surpresa, acabou me mandando pessoas que queriam que eu escrevesse programas. De repente eu tinha um novo negócio. Por mais incrível que pareça, esse começo humilde foi o nascimento do que se tornaria a Personalized Programming, uma empresa de software multimilionária de alcance nacional.

Como acontecia com tudo na minha vida desde que decidi seguir o fluxo, a Personalized Programming simplesmente começou por si mesma. Não houve reuniões, planos de negócios nem investidores de risco. Assim como aconteceu com o Templo do Universo e a Built with Love, apenas aceitei o desafio de servir à energia que vinha na minha direção. Jamais saí da floresta; tudo veio até mim sem ser solicitado nem desejado. Felizmente eu adorava ajudar as pessoas. Não me importava se me procuravam para eu ensinar a silenciar aquela voz na cabeça, para construir uma casa ou para escrever um programa – para mim era tudo a mesma coisa. Eu adorava programar e adorava usar esse talento para ajudar as pessoas.

A princípio os serviços eram pequenos e eu não tinha ideia de quanto cobrar. Escrevi um programa de notas para um professor da Universidade da Flórida por 300 dólares. Eu era tão perfeccionista que o aperfeiçoei cada vez mais antes de me dispor a entregá-lo. Desde o início da minha carreira de programador, meu coração exigia que cada linha de código fosse a melhor que eu era capaz de fazer. Não importava quanto me pagavam; tudo precisava ser perfeito.

Ao longo de 1979, comecei a passar cada vez mais tempo sentado numa sala, programando sozinho. Quando o gerente da

Radio Shack perguntou se poderia me indicar clientes, eu não tinha ideia do que esperar. Comecei a receber telefonemas de lojas da Radio Shack de toda Gainesville e de lugares distantes, até de Jacksonville. Logo estava recebendo mais pedidos do que poderia atender. Sendo formado em economia e conhecendo a lei da oferta e da procura, comecei a aumentar meus preços. Isso não ajudou; os serviços continuavam chegando. Mais ou menos nessa época comecei a notar que cada um parecia surgir numa sequência perfeita para me fazer avançar até o próximo nível na carreira de programador. Apesar de eu estar na floresta, trabalhando sozinho, que não restem dúvidas: a vida estava me transformando num programador profissional.

Não demorei muito até perceber que escrever programas personalizados tomava muito tempo, e era melhor vender programas já disponíveis para satisfazer às necessidades dos meus clientes. Tornei-me representante de um dos principais pacotes de programas de contabilidade vendidos por uma empresa chamada Systems Plus, da Califórnia. Não lembro por que escolhi aquele programa específico. Mas, olhando para trás, deve ter sido uma decisão inspirada – acabei tendo um destino mais sério com aquela empresa.

No final de 1979 eu trabalhava cada vez mais vendendo pacotes de contabilidade, o hardware e o suporte. Eu cuidava tão bem dos meus clientes que até a Systems Plus começou a mandar clientes para mim. Assim como tinha aprendido tudo que sabia de programação por meio dos serviços que chegavam até mim, esses novos trabalhos me ensinavam a analisar, implementar e dar suporte à informatização de empresas de vários tamanhos.

A notícia se espalhou rápido, e a demanda pelos meus produtos e serviços continuou crescendo. Juntando as referências da Systems Plus, da Radio Shack e dos meus clientes, comecei a receber pedidos de empresas de todo o estado. Mas eu era apenas um e estava muito comprometido em participar das atividades da manhã e da tarde no Templo. Para evitar viagens noturnas de trabalho, passei a recusar essas oportunidades e me entreguei totalmente, colocando minhas práticas espirituais em primeiro lugar. Eu continuaria assim. Mas então James apareceu.

James Pierson estava envolvido em uma busca espiritual muito sincera. Tinha acabado de se mudar para uma das casas na propriedade do Templo. Para tudo ficar ainda mais perfeito, James tinha licença de piloto. Um dia ele me ouviu falando da impossibilidade de aceitar clientes de fora da cidade e se ofereceu para me levar de avião. Se alugássemos um pequeno avião monomotor para as viagens, a taxa cobrada por James era mais do que razoável. Começamos então a fazer viagens de ida e volta para ver os clientes de fora da cidade que estivessem dispostos a pagar um preço especial pelos meus serviços. Essas empresas costumavam ser de alto nível, como um cliente em West Palm que intermediava jatos particulares. Tendo a vida como professora, pouco a pouco aquele hippie sem terno, vindo da floresta de Alachua, estava aprendendo a lidar profissionalmente com pessoas bem-sucedidas. Minha fórmula para o sucesso era muito simples: faça qualquer coisa que seja colocada à sua frente de coração e alma, sem pensar nos resultados pessoais. Faça o trabalho como se ele lhe tivesse sido dado pelo próprio universo – porque tinha sido mesmo.

A Personalized Programming sempre fora um negócio emocionante. Agora eu podia voar acima das nuvens num avião minúsculo de dois lugares. Frequentemente olhava o céu enorme e pensava: *Como cheguei até aqui?* Eu tinha me mudado para a floresta para abandonar a vida mundana e me dedicar às minhas práticas espirituais. Jamais saíra da floresta e nem por um momento retomara minha vida anterior. Agora uma empresa chique de West Palm, uma das cidades mais ricas dos Estados Unidos, tinha me contratado para ir de avião informatizá-la. Tudo isso estava além da minha compreensão. Eu nem tinha estudado para nada disso. Estava simplesmente vivendo um conto de fadas.

# 33
# O nascimento do Medical Manager

A Personalized Programming cresceu até se tornar uma bem-sucedida empresa de um homem só. Em 1980, meu cunhado Harvey sugeriu que eu a oficializasse por questões de responsabilidade legal. Lembro que parecia desnecessário constituir mais uma empresa. Mesmo assim, aceitei o conselho e registrei a Personalized Programming no estado da Flórida. O estado me mandou um certificado de ações para a empresa, que eu coloquei no meu cofre do banco. O certificado tinha um lindo selo de aparência oficial, mas não tinha real valor para ninguém além de mim. Mesmo assim a Personalized Programming, Inc. era agora uma empresa legal no estado da Flórida.

Eu realmente adorava o trabalho que fazia. No mínimo, minha paixão pelos computadores tinha crescido desde aquele primeiro dia na Radio Shack. Cada computador que eu instalava era como um amigo querido que eu deixava servindo aos meus clientes. Eu podia parecer uma empresa de um homem só, mas na verdade tinha deixado trabalhadores com cada cliente. Só que eles trabalhavam de graça, dia e noite, e jamais reclamavam.

Assim que comecei a vender e dar suporte a sistemas inteiros para meus clientes, a Personalized Programming começou a gerar mais de 100 mil dólares por ano. Estava a léguas de distância dos 5 mil que eu ganhava na faculdade Santa Fe apenas alguns anos antes. Além disso, a Built with Love continuava ganhando um dinheiro razoável. Em meio a tudo isso, eu praticamente não tinha mudado meu estilo de vida. O dinheiro que a empresa rendia era doado ao Templo para bancar as compras de terras e os gastos com o serviço à comunidade. A perfeição de como tudo se desenrolava bastava para silenciar minha voz pessoal. Mais ou menos nessa época, notei que minhas concepções mentais que separavam o *mundano* do *espiritual* tinham finalmente se dissolvido. Tudo tinha a mesma aparência de perfeição milagrosa do fluxo da vida.

Por minha vontade, eu continuaria levando a vida nessa direção. Mas, de algum modo, parecia que, no meu experimento de entrega, as coisas jamais seguiam a minha vontade. Foi assim que, no início de 1980, recebi no mesmo dia dois telefonemas que dariam início ao próximo estágio da minha jornada fenomenal. Os telefonemas pareciam inocentes; eram de pessoas que desejavam um sistema de cobrança médica. O que elas queriam era a capacidade de fazer as cobranças aos pacientes e ao seguro usando um computador pessoal. Eu não tinha um sistema que pudesse fazer isso, mas disse que procuraria saber e tornaria a entrar em contato.

Depois de buscar um pouco, encontrei um sistema por intermédio de um contato que eu tinha em Miami. Supostamente era um pacote de software distribuído em todo o país com instalações bem-sucedidas. Eu deveria ter checado as referências. Peguei as informações e os preços do sistema e apresentei a proposta a meus possíveis clientes. Eu não tinha ideia de onde estava me metendo. Assim que comecei a testar o programa, não demorei muito para perceber que o pacote era um lixo completo. De jeito nenhum eu seria representante daquele programa.

Quando liguei para os meus clientes com a má notícia, os dois deram a mesma resposta. Disseram que tinham ouvido dizer que eu era um programador muito confiável que tinha escrito softwares personalizados para várias empresas. Por que não podia escrever um programa para o consultório deles?

Lembro que eu estava sentado no chão do meu pequeno escritório. A pequena voz na minha cabeça falava que eu demoraria demais para escrever um programa – em comparação com a venda do programa de outra pessoa. Escrever um sistema de cobrança para os pacientes e o seguro seria um projeto muito maior do que qualquer coisa que eu já tinha feito. Falei aos clientes que um sistema assim poderia demorar até dois anos para ficar pronto. Infelizmente, os dois disseram que estavam dispostos a esperar se pudessem fazer sugestões ao longo do caminho. Eu definitivamente não queria entrar num projeto de programação daquele tamanho. Mas, apesar de não haver um acordo definitivo com aqueles clientes, havia o meu acordo de honrar o fluxo da vida. Minha mente ficou calada enquanto eu percebia que de fato não tinha escolha, a não ser me entregar à situação em que a vida havia me colocado. Era como em todas as outras vezes em que me entregara à situação quando não queria. Respirei fundo e disse aos dois clientes que iria me esforçar ao máximo para escrever um programa de cobrança para o consultório deles.

No momento em que encerrei os dois telefonemas, estendi a mão e peguei o formulário padrão de requisição de seguro que estava ao meu lado no chão. Eu o havia obtido pouco antes para ver como era uma cobrança de seguro. Comecei a pensar em como estruturaria um programa que coletasse e armazenasse os diversos dados necessários para preencher esse formulário. Mal sabia que aqueles primeiros pensamentos seriam o início de uma viagem para a informatização da medicina que se estenderia ao longo de quase três décadas. Costumam me perguntar como tive em 1980 a ideia de colocar a Personalized Programming no ramo da medicina. Agora você vê que a resposta é simples: eu não fiz nada, a não ser servir de coração e alma ao que a vida pôs diante de mim. Mas o escopo da tarefa que eu tinha recebido dessa vez estava muito além de qualquer coisa que eu já havia enfrentado.

Não houve reuniões, orçamentos nem planos de projeto. Só havia eu. Comecei imediatamente a escrever o programa que se chamaria Medical Manager – um produto que acabaria revolucionando o setor de administração de consultórios médicos. Sei que é difícil entender, mas, para mim, escrever linhas de código era o mesmo que ter uma conversa com outro ser humano. Eu não precisava pensar no que desejava dizer nem em como dizer. Havia apenas um fluxo natural indo direto da corrente de pensamentos para a máquina. Quando eu estava escrevendo um programa, a voz na minha cabeça falava na linguagem da máquina que eu estava usando. Eu não pensava em inglês e em seguida convertia para a linguagem de computador – meus pensamentos já vinham assim. Por causa disso, eu era capaz de me sentar diante do computador e escrever códigos perfeitamente estruturados. Voltamos às nossas discussões anteriores sobre inspiração e o lugar de onde ela vem. Beethoven escutava música e a escrevia. Os artistas têm visões criativas e as manifestam. Eu jamais enxerguei o Medical Manager de uma vez, em alguma visão grandiosa. Mesmo assim, a cada dia, o fluxo constante de inspiração me dizia exatamente para onde o programa precisava ir. Bastava me sentar diante do computador e anotar o fluxo espontâneo de pensamentos inspirados sob a forma de código.

Escrevi e escrevi com uma paixão quase assustadora, primeiro a ficha do paciente, depois os procedimentos médicos que precisavam ser cobrados. Tudo que eu fazia era com o máximo absoluto da minha capacidade. Não estava apenas escrevendo um programa para aqueles dois clientes – estava escrevendo o melhor programa possível, como meu presente para o universo. O fluxo de inspiração era tamanho que eu não tinha permissão de pegar um único atalho. Esse comprometimento com os detalhes acabaria distinguindo o Medical Manager de praticamente todos os sistemas de cobrança médica concorrentes no mercado. Resumindo: aquela coisa queria estar o mais próximo possível da perfeição, não importava o tempo que demorasse nem que parecesse pouco razoável segundo uma perspectiva de negócios.

O fato é que nunca houve realmente uma perspectiva de negócios. Eu achava que talvez pudesse vender o programa para alguns outros médicos da cidade, mas nem uma vez pensei numa distribuição mais ampla. Eu pude cobrir o custo do desenvolvimento do programa com dinheiro do meu bolso devido à perfeição de como os acontecimentos tinham se desenrolado. E não uso a palavra *perfeição* de modo leviano. Durante o tempo em que escrevia o sistema de cobrança médica, foi inaugurado um loteamento na floresta, a apenas um quilômetro e meio da propriedade do Templo. A Built with Love conseguiu vários contratos para casas personalizadas naquele loteamento, o que significava que eu não precisaria ir a lugar nenhum para cuidar dos serviços. Além disso, a Personalized Programming tinha seus clientes. Contratei um rapaz em meio expediente para me ajudar a fazer alguns pequenos serviços de programação personalizada. Treinei-o nos antigos programas que eu tinha escrito e revisava e testava os códigos que ele escrevia. Sem perceber, embora eu pensasse que o estava treinando, na verdade era eu que estava sendo treinado para administrar programadores. Essa era uma habilidade da qual eu realmente precisaria no futuro próximo. Por acaso eu estava destinado a administrar centenas de desenvolvedores de programas tremendamente competentes.

# 34

# Os primeiros programadores

Ninguém com a mente no lugar pensaria em escrever o código de um sistema de cobrança médica sozinho. Mas eu não estava com a mente no lugar. Tinha aceitado o projeto como a próxima tarefa atribuída a mim pelo fluxo da vida. Era algo muito sagrado para mim. Todo o meu caminho espiritual girava em torno desse experimento de entrega. Para preservar o distanciamento do falatório interior, eu ainda mantinha a rotina de meditação e continuava com a prática de me centrar momento a momento. Sempre que me sentava diante do computador para trabalhar no programa, eu respirava fundo e lembrava que estava escrevendo aquilo como um presente para o universo. Lá estava eu sentado num planeta minúsculo girando pelo espaço, e essa era a tarefa que tinha sido dada a mim. Jamais me ocorreu pedir ajuda.

O programa estava mais ou menos na metade quando meu anjo da guarda mandou uma ajuda que não tinha sido pedida, mas era muito necessária. Alguns momentos da nossa vida são marcados pelo destino. Assim foi o breve momento no tempo que ocorreu num dia de outono em 1980. Eu estava andando no meio do pessoal da manhã de domingo na varanda do Templo quando uma jovem se aproximou de mim. Não a reconheci, e ela falava tão baixo que eu mal conseguia ouvi-la acima das outras pessoas. Para se apresentar, ela disse que tinha acabado de se formar na Universidade da Flórida, onde tinha feito aulas de programação. Tinha ouvido dizer que eu andava programando e queria trabalhar comigo, mesmo se isso significasse não receber salário de início. Seu nome era Barbara Duncan.

Eu com certeza precisava de ajuda, mas não conseguia imaginar como alguém poderia me ajudar. Vinha escrevendo o programa direto da minha mente para o computador. Não havia pontos de onde outra pessoa poderia partir. Além disso, eu não a conhecia, e ela parecia ser muito tímida. Felizmente eu era bem treinado em observar esses pensamentos passando pela minha mente, em vez de simplesmente lhes dar ouvidos. Parei por um momento, respirei fundo e reconheci toda aquela negatividade como a resistência inicial da minha mente à mudança. No mesmo instante me desprendi e me entreguei à realidade da situação: essa pessoa tinha oferecido seus serviços com sinceridade, e sem dúvida eu precisava de ajuda. Falei a ela que, como estava acostumado a trabalhar sozinho, não podia prometer nada. Mas estava disposto a tentar. Marcamos uma reunião para dali a alguns dias e eu lhe disse que ela deveria pensar num salário inicial razoável porque eu queria compensá-la.

O nível de talento e competência escondido naquela pessoa que tinha aparecido por acaso no Templo está além da minha compreensão. No início Barbara era medrosa e tímida. Então, nos vinte anos seguintes, continuou se oferecendo para aceitar e realizar com excelência tudo que lhe pediam. Além disso, começou a vir a todos os serviços diários do Templo e se mudou para cá pouco depois de começar a trabalhar para mim. Na verdade Barbara foi a primeira funcionária em tempo integral da Personalized Programming e se tornou um alicerce da empresa e da comunidade do Templo. Por acaso aquela jovem tímida que conheci na varanda aquele dia tinha uma mente brilhante e um coração de guerreira.

Quando Barbara começou a trabalhar para mim, eu já estava na metade do programa. Nunca tinha verbalizado meus pensamentos para ninguém. Assim, compartilhar minha visão geral do sistema com outra pessoa ajudou muito. Formamos uma dupla formidável, e estava claro que Barbara era perfeitamente capaz de adotar minha visão e ir em frente com ela. Isso se tornou essencial assim que o número de programadores começou a crescer. Resumindo: Barbara foi um presente de Deus. Apareceu exatamente quando eu precisava, numa época em que eu nem tinha sabedoria suficiente para saber que precisava dela. Jamais a procurei; ela apenas apareceu.

Na verdade foi a mesma coisa com Radha. Desde o primeiro dia, ela se responsabilizou pela contabilidade e pela administração do escritório das empresas e do Templo. Trinta anos mais tarde Radha ainda mora no Templo e o administra. Era como se essas pessoas tivessem sido escolhidas a dedo para a vida espiritual disciplinada do Templo e também fossem perfeitas para os cargos altamente especializados que estavam nascendo. Vi isso acontecer muitas vezes à medida que a empresa se expandia. Era como se eu estivesse dançando com a perfeição do universo. Na época não percebi totalmente, mas testemunhar os resultados do meu experimento de entrega estava fazendo mais para me livrar do pesado sentimento de "eu" do que minhas horas de práticas espirituais. Eu tinha plena consciência de que não estava fazendo com que aqueles acontecimentos se desenrolassem de modo tão perfeito, mas me sentia profundamente honrado em assistir à perfeição da vida diante dos meus olhos.

No ano seguinte trouxemos mais dois programadores. Quando terminamos a primeira versão do programa, éramos quatro trabalhando em tempo integral. Precisávamos de ajuda adicional escrevendo os códigos porque os projetos que Barb e eu criávamos jamais eram o modo mais simples de fazer as coisas – eram simplesmente o melhor modo. Por exemplo, um dos módulos mais interessantes e importantes que escrevemos era o que imprimia os formulários de pedidos de seguro. Lembro os dias que passei com meus clientes examinando suas necessidades de cobrança de seguros. É complicadíssimo entender todas as diferenças minúsculas no modo como aqueles consultórios preenchiam os formulários supostamente padronizados. Mas eles insistiam que cada uma dessas diferenças era essencial para receberem o pagamento adequado por parte de diferentes companhias de seguros.

Barb e eu conseguimos desenvolver um sistema muito sofisticado, baseado em modelos de documentos, que permitiria aos próprios consultórios especificar como desejariam preencher os formulários para qualquer companhia de seguros específica. Estávamos comprometidos em criar um sistema que atendesse perfeitamente às necessidades de cobrança de um consultório, e esse se tornou um dos principais motivos para a rápida aceitação do programa. Num período muito curto, os consultórios que usavam o Medical Manager definiriam centenas de modelos diferentes para lidar com as companhias de seguros do país.

Isso oferece um vislumbre do nível a que chegamos com o Medical Manager, mesmo com a primeira versão. Continuávamos indo fundo e fazendo tudo do melhor modo que podíamos. Nunca na vida eu tinha me envolvido com algo que exigisse o nível de perfeição daquele programa. Quando o sistema ficou pronto, era como um diamante lapidado. Para mim, era uma entidade viva, e eu sentia um respeito profundo sempre que tocava nele. Veja o incrível fluxo de acontecimentos da vida que criou esse programa. Eu sentia que ele tinha uma vida própria e que só estávamos aqui para servi-lo.

Era o início de 1982 e, depois de dois anos de desenvolvimento intenso, começamos a instalar o programa para meus dois clientes originais. Apesar de nenhum de nós jamais ter escrito um programa tão amplo, as instalações aconteceram de modo muito tranquilo. Não pensei nenhuma vez no que aconteceria depois de entregar os projetos. Nós nos concentrávamos completamente em escrever e proporcionar o melhor sistema que podíamos porque essa era a tarefa dada pela vida. O destino do programa depois das instalações iniciais precisaria se desenrolar por conta própria – exatamente como havia acontecido a cada passo do caminho até então.

# 35

# Preparando o lançamento

Junto com os grandes passos que o programa ia dando, eu estava muito satisfeito em ver acontecimentos que beneficiavam as pessoas ao meu redor, especialmente Barb, que dava duro. Mais ou menos nessa época, meu vizinho Bob Tilchin decidiu se mudar e o Templo comprou a propriedade dele. Barb se mudou para aquela casa e também recebeu um merecido escritório novo quando a Personalized Programming realocou seus cinco empregados para uma nova construção no terreno do Templo. Eu também fiquei com um belo escritório, e alguns eventos muito importantes estavam destinados a acontecer ali – nenhum deles mais importante do que um telefonema enviado pelo destino que recebi num dia, sentado diante do meu computador.

Tínhamos acabado de terminar a primeira instalação do Medical Manager e eu estava completando o manual do programa quando o telefone tocou. Era da Systems Plus, a distribuidora do programa de contabilidade que nós representávamos. Eu era um vendedor muito pequeno e eles não costumavam telefonar para mim. Eu tinha ligado alguns dias antes informando problemas com um novo software que eles estavam lançando.

A representante para clientes da Systems Plus se apresentou como Lorelei e pediu muitas desculpas pelos problemas que eles estavam tendo. A certa altura da conversa, enquanto se desculpava e me tranquilizava, ela disse que eu deveria continuar receptivo para os novos lançamentos deles porque eles planejavam ser os líderes em programas para pequenas empresas. Disse que estavam expandindo para além da contabilidade geral e que no momento procuravam pacotes de programas imobiliários, jurídicos e de cobrança médica.

Quando a ouvi dizer "cobrança médica", fui pego de surpresa. A princípio fiquei muito sem graça para dizer qualquer coisa. A Systems Plus era um negócio grande, uma empresa de informática do Vale do Silício, e eu era um cara na floresta que tinha aprendido a programar sozinho. Claro, eu tinha passado os últimos dois anos escrevendo nosso programa de cobrança médica, mas ele só havia sido instalado num pequeno consultório algumas semanas antes. Apesar de a voz na minha cabeça estar garantindo que a Systems Plus não se interessaria pelo meu pequeno programa de computador, respirei fundo, me entreguei ao momento e disse a Lorelei que tinha acabado de montar um pacote de cobrança médica. Ela começou a dizer alguma coisa e parou. Depois de uma pausa breve, disse: "Espere um minuto, meu chefe está passando por aqui; deixe-me ver se ele está interessado." Eu não tinha absolutamente nenhuma ideia do que pensar.

Quando Lorelei ligou de volta, disse que seu chefe estava muito interessado em examinar qualquer programa que fizesse cobranças médicas. Ela me encorajou a mandar o sistema junto com o manual que eu estava terminando de escrever. Nós desligamos e eu fiquei atônito. O que tinha acabado de acontecer? Eu nunca havia pensado em encontrar um distribuidor. Então um dos maiores distribuidores de programas liga para mim, no meio da floresta em Alachua, Flórida, e pede para ver meu sistema. Mais tarde descobri que, quando Lorelei falou do seu chefe, estava se referindo ao presidente da empresa, Rick Mehrlich, que por acaso tinha acabado de passar pela mesa dela naquele momento exato. Talvez agora você possa ver por que aprendi a honrar tão profundamente o fluxo da vida.

Demorei uma ou duas semanas para juntar tudo e mandar para a sede da Systems Plus. Era muito surreal estar ali, oferecendo o pacote finalizado ao universo. Eu simplesmente seguira o fluxo. Sem nenhuma expectativa, esperança nem sonho com relação a nada. Fazia muitos anos que eu vinha pondo um pé na frente do outro, servindo ao que era posto à minha frente do melhor modo que eu podia. Para mim, eu não era um programador de computador; era um iogue morando no meio da floresta. Tinha comprado um minúsculo computador de brinquedo por 600 dólares alguns anos antes e brincado com ele. Fui induzido a passar dois anos da vida escrevendo um pacote de cobranças médicas depois de minha mente já ter decidido que escrever programas consumia tempo demais. Agora, sem que eu desse um único telefonema, ia mandar uma coisa que eu tinha programado para o presidente de uma bem-sucedida empresa de software na Califórnia. Como uma coisa assim acontece – até mesmo num conto de fadas?

Algumas semanas depois, recebi um telefonema da Systems Plus informando que o presidente da empresa queria ir de avião a Alachua para me encontrar cara a cara. Concordei, e em pouco tempo Rick Mehrlich estava sentado no sofá do meu escritório dizendo que queria distribuir meu programa. Disse que era o melhor que ele já vira e que poderia fazer um ótimo trabalho representando-o no mercado. Gostei da sua franqueza e do seu elogio, e imediatamente me senti confortável para trabalhar com ele. É importante entender que o modo como eu enxergava os acontecimentos se desenrolando era que aquele homem sentado à minha frente tinha sido escolhido a dedo pela Força Universal para levar meu filho para o mundo. Assim como Barb tinha aparecido do nada e acabara sendo a pessoa perfeita para me ajudar, esse homem podia muito bem ter se manifestado do nada e dito que fora mandado para distribuir o pacote de programas.

Não fiz contato com nenhum outro distribuidor nem procurei nenhuma outra opção. Entreguei-me à perfeição do fluxo. Quando Rick e eu nos apertamos as mãos com a intenção de fazer um contrato de distribuição, não tínhamos como saber que nas décadas seguintes estaríamos juntos numa viagem fantástica. Não deveria ser surpresa que Rick e a Systems Plus acabassem sendo o distribuidor absolutamente perfeito para o Medical Manager. A vida tinha feito sua mágica outra vez.

Em setembro a Systems Plus me informou que a empresa lançaria o Medical Manager em novembro, na Computer Dealers' Exibition (COMDEX) de 1982. Realizada em Las Vegas todo ano, a COMDEX era a maior feira de informática do país e a segunda maior do mundo. A Systems Plus planejava apresentar o produto em seu estande gigantesco, de modo que havia uma pressão para assinar logo o contrato de distribuição e mandar a versão final do programa para a Califórnia.

Por acaso o Templo ia fazer um grande retiro com Ram Dass, programado para o dia 1º de outubro daquele ano. Era exatamente o prazo final que a Systems Plus tinha me dado para mandar a versão terminada. Como não enviei o programa antes de partir para o retiro, Ram Dass acabou levando-o no colo durante toda a viagem de carro. Num determinado ponto ele me perguntou, no seu jeito muito direto: "Ele é bom?"

Respondi dizendo que não fazia ideia – poderia não valer nada ou valer um milhão de dólares. Por acaso eu estava errado por alguns zeros. Sempre senti um respeito tremendo por Ram Dass, assim como todos nós que crescemos sob sua aura de absoluta honestidade com o próprio eu. A perfeição das circunstâncias que o fazia estar segurando aquele programa logo antes de ser lançado no mundo era incrível para mim. Quem sabe como essas coisas acontecem? Eu com certeza não digo que sei de nada. Observei como aquele programa foi concebido e o vi atrair exatamente o que era necessário não só para ser escrito, mas para ser um líder desde a largada. Então ele atraiu magicamente seu distribuidor de primeiro nível e agora estava no colo de um dos mais respeitados mestres espirituais da Nova Era. O programa tinha um destino próprio e levaria todos nós numa jornada que jamais poderíamos ter imaginado.

# PARTE VI

# As forças do crescimento natural

# 36

# As bases de uma empresa de sucesso

O lançamento do Medical Manager na feira em Las Vegas foi algo digno de presenciar. Fui de avião para ver a Systems Plus em ação e conhecer as pessoas da empresa. Eu nunca tinha ido a nada parecido com aquela feira. Lembre, fazia anos que eu morava na floresta. No estande da Systems Plus havia cartazes com MEDICAL MANAGER grudados em toda parte. Uma coisa é observar sua filha crescer ao longo de 18 anos e vê-la se formar com distinção acadêmica no ensino médio. Outra bem diferente é quando seu filho nasceu há apenas alguns meses e já está no centro do palco de uma produção muito profissional numa feira do tamanho da COMDEX. A Systems Plus tinha um dos maiores estandes da feira e todo mundo fez um trabalho maravilhoso apresentando o produto. O mercado estava maduro para um programa de cobrança médica e havia um interesse tremendo no estande. Fiquei maravilhado vendo todos os vendedores da Systems Plus demonstrando o produto. O Medical Manager não teve período de aquecimento. Foi direto da floresta silenciosa em Alachua para as incríveis luzes de Las Vegas, sem um único passo intermediário.

Não havia tempo para descansar e aproveitar os louros do sucesso. A Systems Plus começou imediatamente a contratar representantes e a vender o produto. O que veio em seguida foi uma avalanche de pedidos para novas características e personalizações. Cada especialidade médica desejava alguma coisa específica, e os funcionários de quase todos os consultórios queriam que o programa fizesse as coisas exatamente como eles estavam acostumados a fazer no papel. Ainda por cima, um ou dois meses depois do lançamento a Systems Plus me informou que, além do maravilhoso sistema de cobrança que tínhamos escrito, os representantes precisariam de funções voltadas a marcações de consultas e outras tarefas administrativas de um consultório para continuar a vender o produto com sucesso.

Como iríamos fazer tudo isso? Nenhum de nós tinha nenhum treinamento formal nem experiência em projetos de software de medicina. Precisávamos descobrir tudo por conta própria – e descobrimos. Se você me perguntasse como, eu diria que minha experiência com meditação tinha me mostrado que havia dois aspectos muito distintos do que chamamos de *mente*. Havia a mente lógica, impelida pelo pensamento, que conecta o que já sabemos em padrões complexos de pensamento para chegar a soluções lógicas. E havia a mente intuitiva, impelida pela inspiração, que pode olhar um problema e na mesma hora ver uma solução criativa. Aparentemente, os anos de trabalho espiritual que eu tinha feito para aquietar aquela voz na minha cabeça tinham aberto a porta para uma inspiração quase constante. Era como se, quanto mais silenciosa a mente, mais as soluções se tornassem evidentes por si mesmas. Isso também valia para Barb. De algum modo ela possuía a capacidade de se conectar quase instantaneamente às mesmas soluções criativas que eu tinha visto e depois me ajudar a deduzir a lógica por trás de tudo. Foi assim que o Medical Manager foi projetado, e o fato de termos liderado o setor durante tantos anos é um tributo a esse processo. Nossa capacidade de projetar programas com rapidez se tornou lendária.

Enquanto isso, o interesse pelo produto era tão fenomenal que mal conseguíamos acompanhar. Parecia que estávamos sendo empurrados até nossos limites em todas as direções. Veja o exemplo de nossos seminários de treinamento para representantes de vendas. Fizemos o primeiro seminário anual para vendedores do Medical Manager numa pequena suíte de hóspedes no Gainesville Hilton na primavera de 1983. A sala tinha o tamanho exato para acomodar as quinze ou vinte pessoas que compareceram. Apenas alguns anos depois já precisávamos alugar o hotel Gainesville Hilton inteiro, inclusive todos os duzentos quartos, as instalações para conferências e as salas de jantar. No início da década de 1990 havíamos suplantado o Gainesville Hilton e os quartos de todos os hotéis ao redor. Para encontrar um hotel com tamanho suficiente para nos acomodar, precisamos transferir o seminário de representantes para Orlando.

O crescimento espiritual resultante de levar a Personalized Programming adiante era muito profundo. A diversidade de tarefas que agora compunham minha vida cotidiana ia da administração do Templo, com três palestras semanais, até ensinar a centenas de representantes de vendas sobre a administração de consultórios médicos. Apesar de todas essas mudanças externas, não me transformei num empresário tradicional. Continuei sendo uma pessoa cujo caminho espiritual consistia em se entregar ao fluxo da vida e que se dedicava de coração e alma ao que a vida lhe dava para fazer. Minhas duas sessões de meditação diárias com certeza ajudavam a manter tudo isso em perspectiva.

O ano de 1985 acabaria sendo um marco. Em apenas dois anos, a Systems Plus tinha contratado mais de 100 representantes e tínhamos uma média de mais de 150 novas instalações do Medical Manager por mês. Nosso modelo para cobrança de seguros de saúde se tornou um sucesso gigantesco e podíamos fazer cobranças de praticamente todas as empresas de seguros do país. Mas, antes que eu pudesse recuperar o fôlego, o setor iria passar por uma transformação tremenda. À medida que mais e mais consultórios se informatizavam, de repente tornou-se possível substituir as cobranças em papel pela cobrança eletrônica. As vantagens seriam tão gigantescas que todo o setor estava se preparando para isso. Por mais que tivéssemos sido bem-sucedidos com a cobrança em papel, não tínhamos outra opção senão nos rendermos ao fato de que todo o setor de atendimento de saúde estava caminhando para a era das comunicações entre computadores. Infelizmente esse era um assunto sobre o qual não sabíamos nada. A história de como acabamos liderando o setor nessa área é mais um tributo à perfeição do fluxo da vida.

Lembro-me da nossa primeira reunião de projeto para as cobranças eletrônicas. Imediatamente percebemos que a solução ideal seria usar modelos, como tínhamos feito para a cobrança em papel. Mas fazer isso para cobranças eletrônicas estava muito além da capacidade dos nossos modelos existentes. Pelo que sabíamos, ninguém havia tentado uma solução dessas. A atitude geral da minha equipe de programação era que isso provavelmente não poderia ser feito e que eles nem saberiam por onde começar, já que todas as companhias de seguros poderiam exigir arquivos de cobrança eletrônica muito diferentes.

Mesmo assim eu não queria desistir. Naquela mesma semana aconteceu outro milagre da vida. No domingo, depois do serviço, um homem se apresentou a mim como ex-morador da comunidade de yoga de Amrit. Queria saber se eu teria algum trabalho para ele, caso se estabelecesse na área. Seu nome era Larry Horwitz, e eu me lembrava vagamente de que algumas pessoas na comunidade de Amrit tinham dito que ele era muito inteligente. Procurei me informar sobre sua formação e seus talentos e percebi que, de novo, era possível que a vida nos tivesse mandado a pessoa perfeita para resolver o problema da vez. Apesar de Larry não ter nenhuma formação sobre cobrança de seguros, ele realmente se interessou por nossa abordagem inovadora em relação às cobranças eletrônicas. Decidi que poderia lhe dar uma chance. Depois de lhe apresentar apenas uma visão panorâmica do projeto, deixei-o praticamente por conta própria para ver o que ele conseguiria criar.

Sozinho, Larry estudou cada um dos 250 livros de especificações das companhias de seguros do país e mapeou exatamente tudo que precisaríamos fazer para usar modelos, de modo a atender a todas com um único programa. Implementamos essas mudanças, e agora o Medical Manager tinha um programa de cobrança eletrônica com uma tecnologia de projeto que ultrapassava de longe os concorrentes. A reação foi fenomenal. Larry ficou tão ocupado criando os modelos que precisamos desenvolver todo um departamento ao redor dele. As companhias de seguro precisavam alterar suas especificações regularmente e, 25 anos mais tarde, Larry Horwitz ainda era encarregado das cobranças eletrônicas para a empresa. Como uma pessoa assim simplesmente aparece justo quando é necessária?

O Medical Manager liderou o setor em cobranças eletrônicas. Nossa capacidade de emitir cobranças diretamente para seguradoras médicas em todo o país impulsionou o sucesso do produto. Em 1987 tínhamos o primeiro sistema de administração de consultórios no país que era capaz de emitir cobranças eletronicamente em todos os cinquenta estados. Em 2000, o Medical Manager foi reconhecido por suas realizações em informatizar o setor médico, sendo instalado nos arquivos permanentes do Smithsonian Institution. O trabalho que fizemos para habilitar com sucesso dezenas de milhares de consultórios para realizar transações eletrônicas foi preservado para as gerações seguintes. Vi tudo isso como apenas mais um milagre da vida.

# 37

# O setor bate à nossa porta

A Personalized Programming era de fato um ponto fora da curva. Ficávamos localizados no meio da floresta, numa pequena construção na propriedade do Templo. Não éramos executivos sofisticados nem programadores profissionais experientes. Éramos apenas pessoas reunidas pela energia para realizar uma tarefa. Normalmente as empresas de sucesso precisam planejar seu crescimento desenvolvendo planos de negócios e orçamentos financeiros. No nosso caso, o único plano de negócios era tentar manter a poderosa onda da vida que nos impulsionava para a frente. Nosso único orçamento era contratar quem quer que aparecesse para nos ajudar. Mas, não importava quanto nos esforçássemos, parecia que a vida sempre acabava levando as coisas a outro nível.

Um exemplo perfeito de como nosso crescimento milagroso aconteceu organicamente pode ser visto em alguns telefonemas inesperados que recebi em meados da década de 1980. O primeiro aconteceu na primavera de 1985, de uma mulher que se apresentou como vice-presidente da Empire Blue Cross Blue Shield. A Empire atuava na cidade de Nova York e era uma das maiores fornecedoras de seguros de saúde Blue Cross Blue Shield no país. Parte de seus esforços para converter os consultórios médicos da área para as cobranças eletrônicas era vender aos médicos um sistema de administração de consultórios. A empresa vinha desenvolvendo seu próprio programa, mas não achava que ele poderia competir com o Medical Manager. Fiquei muito honrado quando ela disse que a Empire queria abandonar seu sistema e passar a vender o nosso com uma marca privada. Certamente nada seria melhor do que ter um grande convênio vendendo nosso produto aos médicos dele. Antes que eu pudesse recuperar o fôlego, fui contatado pela Blue Cross Blue Shield de Nova Jersey com o mesmo pedido. Depois vieram Carolina do Sul, Geórgia, Arizona, Havaí, Mississippi, Colorado e alguns outros. Todas essas filiais da Blue Cross Blue Shield acabaram vendendo o Medical Manager aos médicos em seus respectivos estados. Enxerguei isso como uma lição viva sobre o poder da entrega. Durante anos estivera disposto a abrir mão das minhas preferências pessoais e me concentrar em fazer o que fosse absolutamente melhor com tudo que a vida me apresentasse. Não tinha esperado nada em troca e foi uma lição de humildade ver o que estava se desenrolando.

No período entre 1986 e 1988, a Personalized Programming tinha cerca de uma dúzia de empregados, na maioria programadores. Éramos uma empresa minúscula, mas estávamos ganhando milhões de dólares por ano somente em royalties. A Systems Plus tinha percebido rapidamente o enorme potencial do mercado médico e abandonara todos os seus outros produtos, concentrando-se exclusivamente no Medical Manager. Como chefe da Personalized Programming, agora era meu trabalho negociar com todas aquelas grandes corporações. Eu nunca havia trabalhado nesse nível. Mas, assim como a vida tinha me dado o treinamento para me tornar construtor e programador colocando a mão na massa, agora estava me treinando para ser executivo corporativo. No entanto, eu já tinha visto coisas demais para ser um executivo convencional. Até mesmo nos negócios eu pretendia continuar confiando no fluxo da vida como meu conselheiro supremo.

Uma coisa que eu via repetidas vezes nessa viagem com a vida era que a pessoa certa aparecia na hora certa. Eu literalmente contava com essa perfeição, e é incrível como isso continuava acontecendo. Até mesmo nosso advogado corporativo, Rick Karl, praticava yoga e meditação. Parecia que a vida estava me cercando de pessoas espiritualizadas, não apenas no Templo, mas também na minha empresa.

O modo como a vida conseguia fazer isso talvez seja muito bem ilustrado pela seguinte sequência de acontecimentos perfeitamente orquestrados. Começou quando a Systems Plus pediu que recebêssemos um representante de uma empresa de equipamentos de laboratório que desejava conhecer a equipe de desenvolvimento do Medical Manager. Era raro a Systems Plus mandar pessoas para a floresta em Alachua, mas nesse caso não havia alternativa. O pessoal da Systems Plus praticamente implorou que eu usasse um paletó e sapatos – e que todo mundo tivesse o melhor comportamento profissional. O nome do nosso visitante era Paul Dobbins, e ele tinha uma ampla experiência como analista técnico sênior e gerente de produtos.

Mandei Rick Karl, nosso advogado muito apresentável, pegar o cavalheiro no aeroporto de Gainesville. Quando voltou, Rick enfiou a cabeça na minha sala com um sorriso enorme, igual ao do gato de Alice. Em seguida entra nosso convidado importante. A primeira coisa que notei foi que ele usava um bracelete na parte de cima do braço. Parecia notavelmente semelhante ao adereço que Yogananda costumava usar. Por acaso era. Paul Dobbins era seguidor de Yogananda, tinha feito as lições e vinha praticando Kriya Yoga havia muitos anos. Pode ter certeza de que eu fiquei chocado, mas imagine como ele se sentiu. Ele pega um avião em St. Louis para uma importante viagem de negócios em que vai conhecer o presidente da empresa que criou o principal sistema de administração de consultórios médicos do país. Mas, quando entra na sala do presidente, vê imagens de Yogananda em toda parte.

A princípio não trocamos palavras. Paul simplesmente sentou-se no sofá e captou a beleza do momento. A energia naquela sala era digna da presença de um mestre. Eu não conseguia manter os olhos abertos e Paul estava visivelmente fascinado. Depois de ficarmos em silêncio durante um tempo, perguntei se ele gostaria de ver o Templo. Seguimos pela estrada ladeada de árvores, pegamos a trilha de terra e entramos naquele lugar santo adornado com imagens de grandes mestres. Desnecessário dizer que aquela não era como as outras viagens de negócios de Paul.

Paul estendeu a visita até o fim de semana e ficou num pequeno quarto de hóspedes de três por três metros na propriedade do Templo. No domingo, ele não queria ir embora. Pelo jeito, ele tinha começado a praticar meditação por conta própria e não tinha muitas pessoas por perto que praticassem yoga. Estava fascinado com o que acontecia no Templo e com a força da comunidade espiritual de Gainesville. Depois do serviço de domingo, ele me procurou com a inevitável pergunta: "Posso ficar e trabalhar para você?"

Senti no fundo do coração que o lugar de Paul era aqui e que ele desejava mesmo fazer parte do Templo e da empresa. Mas não achei certo ele simplesmente abandonar a companhia que o tinha enviado, por isso disse para esperarmos e vermos como as coisas se desdobrariam.

Alguns meses depois recebi um telefonema de Paul, em pânico. Ele dizia que a empresa onde trabalhava tinha sido vendida subitamente e que seu chefe e muitos outros empregados iam abandonar o barco. Paul ia entregar sua carta de demissão, mas queria continuar trabalhando com o Medical Manager de algum modo. A mensagem da vida não poderia ser mais clara: estava na hora de oferecer um emprego a Paul.

Paul chegou em menos de uma semana, com alguns pertences. Deixamos que ele ficasse naquele mesmo quarto de hóspede de três por três metros até arranjar um local próprio. Cinco anos depois, Paul ainda morava naquele quarto minúsculo. Não tenho ideia do que ele fez com seus pertences, mas sei que ele comparecia pontualmente aos serviços da manhã e da tarde no Templo.

Paul foi um trunfo tremendo para a empresa e apareceu exatamente quando era mais necessário. Pouco depois de ele se juntar à equipe, começamos a ser contatados pelos principais laboratórios nacionais. Todos queriam que criássemos uma interface entre eles e o Medical Manager. Paul era especialista nesse campo e nós fomos um dos primeiros sistemas de administração de consultórios a implementar a conectividade com as maiores empresas de laboratórios. Jamais poderíamos ter o sucesso que tivemos se Paul não estivesse na equipe. Quando reflito sobre como ele chegou até nós, parece um presente do universo. Vinte anos mais tarde, Paul ainda trabalhava para a empresa e até hoje vive com sua esposa e seus filhos numa casa nas proximidades da propriedade do Templo. Parece que algumas coisas simplesmente são destinadas a acontecer.

# 38

# O Templo continua crescendo

As meditações da manhã assumiram todo um novo significado à medida que a empresa de software ia crescendo cada vez mais. A meditação e o yoga eram essenciais não somente para continuar com minha jornada espiritual, mas também para manter a mente sã. Muita coisa é exigida quando você comanda uma organização da qual tantas pessoas dependem para sobreviver. A mente precisa de tempo para se aquietar e manter tudo em perspectiva.

Ao sairmos do serviço do Templo nas manhãs de inverno, depois do nascer do sol, costumamos encontrar o campo coberto por uma névoa de orvalho. Carvalhos, pinheiros e nogueiras gigantes abraçam o campo em três lados, e o lado norte se abre para aquele pasto lindo que desce suavemente até o riacho ladeado por árvores. Ficar ali parado com a mente silenciosa é um paraíso na Terra.

Mas uma manhã nevoenta no início de dezembro de 1988 foi diferente. Quando saímos da quietude do Templo para o campo ouvimos o rugido de grandes máquinas, vindo do norte. Para nossa surpresa completa, vimos escavadeiras e outros equipamentos de limpeza de terreno no campo do nosso vizinho. Não sabíamos o que pensar, por isso subimos o morro até minha casa original, na borda do pasto. Localizamos alguns trabalhadores e perguntamos o que estava acontecendo. Eles contaram que tinham comprado o direito à madeira de todas as árvores da propriedade do nosso vizinho. A terra ao norte era uma fazenda de mais de 400 hectares pertencente a um casal chamado Wilbur e Juliet. Eram pessoas maravilhosas cuja casa ficava no lado da propriedade mais distante do Templo. Fazia muito tempo que as terras eram da família e eles tinham grande respeito por aquela terra. Não entendemos o que estava acontecendo, por isso telefonamos para eles.

Quando finalmente consegui falar com Wilbur, ele explicou que iam limpar o que restava da floresta nativa e plantar pinheiros para corte. Isso propiciaria uma produção que renderia dinheiro dali a quinze a vinte anos. Falei que gostaria de conversar a respeito e perguntei se ele estaria disposto a não limpar a terra que fazia fronteira com nossa propriedade até nos encontrarmos. Ele hesitou, mas pediu que eu dissesse ao encarregado da equipe para ligar para ele. Na verdade, eu não tinha ideia do que diria a Wilbur quando nos encontrássemos, mas sentia uma obrigação profunda de fazer o que fosse possível para proteger a floresta linda naquelas terras.

Enquanto ia de carro até a casa de Wilbur, me concentrei em me manter aberto e receptivo à experiência, de modo a ver para onde a vida a levava. Olhando em retrospecto, fico extremamente grato pensando que a entrega havia me ensinado a participar voluntariamente na dança da vida com a mente calma e o coração aberto.

Quando cheguei à casa de Wilbur, não houve nenhuma abertura para nos vender os 14 hectares que ficavam entre nossa propriedade e o riacho. Expliquei que as árvores naquela propriedade eram lindas e que deveriam ser poupadas. Ele concordou com a parte de serem lindas, mas administrava uma fazenda, e eles tinham decidido plantar pinheiros de corte em toda a propriedade. Nossos esforços pareceram inúteis até que eu me ofereci para arrendar a propriedade por qualquer preço que garantisse uma renda maior do que a dos pinheiros. Wilbur era um negociante astuto, e isso atraiu sua atenção. Em qualquer plantação havia risco, mas não existia risco nenhum num arrendamento garantido, de longo prazo. Wilbur pediu um preço significativamente mais alto do que qualquer fazendeiro pagaria por uma propriedade sem beneficiamentos. Mesmo assim, ainda valia a pena. De acordo com nosso ponto de vista, o que importava era proteger as árvores e o pasto daquele terreno lindo. No final, assinamos um arrendamento de longo prazo com Wilbur que nos permitia preservar, proteger e usar a propriedade ao norte – a propriedade que um dia eu tinha chamado de Campos Elísios.

Essa experiência só serviu para reforçar o que eu estava aprendendo com o experimento de entrega. Uma coisa que a princípio parecia totalmente desastrosa terminava com um resultado positivo. Repetidamente eu via que, se pudesse enfrentar os ventos da tempestade da vez, eles terminariam soprando um grande presente. Eu estava começando a enxergar essas tempestades como um prenúncio de transformação. Talvez a mudança só aconteça quando há motivo suficiente para superar a inércia da vida cotidiana. As situações desafiadoras criam a força necessária para provocar a mudança. O problema é que geralmente usamos toda a energia que deveria provocar a mudança para resistir a ela. Eu estava aprendendo a me sentar silenciosamente em meio aos ventos uivantes e esperar para ver que ação construtiva era pedida de mim.

Se esse fosse o final da história com relação àquela propriedade, eu ainda diria que era um presente do universo. Mas estava longe do fim. Apenas uma semana depois de assinar aquele contrato de arrendamento, outro terreno que fazia divisa com o núcleo da nossa comunidade foi posto à venda. Foi impressionante. Assim que fizemos essa compra, o terreno que tínhamos acabado de arrendar acabou acompanhando todo o limite norte de nossa propriedade, unindo tudo.

Fiquei sem fôlego vendo tudo se desenrolar daquele jeito. Eu estava num jogo com a vida e, a cada vez que a vida fazia sua jogada, parte da minha mente barulhenta ficava para trás. Por que eu era necessário? Tudo se desdobrava por conta própria muito melhor do que qualquer coisa que eu pudesse imaginar – quanto mais fazer. Eu tinha dito que compraria propriedades adjacentes se elas fossem oferecidas e se tivéssemos o dinheiro necessário. Agora o Templo tinha 35 hectares, incluindo a área arrendada. Como veremos em breve, essa terra estava destinada a representar um papel muito maior no que a vida tinha reservado para nós.

Não era somente com a propriedade do Templo ou com o sucesso meteórico da empresa que aconteciam eventos milagrosos. Regularmente aconteciam coisas pequenas que eram improváveis a ponto de desafiar a mente racional. Um desses eventos espantosos aconteceu durante uma viagem de negócios a Boston no final da década de 1980. Com tantas Blue Cross Blue Shields vendendo o Medical Manager com marcas particulares, eu tinha recebido um pedido da Blue Cross Blue Shield de Massachusetts para ir a uma reunião. Cheguei a Boston no fim da tarde e estava morrendo de fome. Tinha feito um monte de coisas durante toda a manhã e não havia comido nada o dia inteiro. Em vez de comer algo ruim durante a viagem, pensei em me hospedar num hotel e encontrar um bom restaurante vegetariano. Eu não conhecia Boston, mas tinha um carro alugado. Quão difícil poderia ser?

Fiquei perdido tentando encontrar o restaurante que o recepcionista do hotel tinha sugerido. Depois de quase uma hora dirigindo, fui parar na Harvard Square. Rodei um pouco procurando um restaurante vegetariano naquela área, mas não consegui encontrar. Numa cidade grande como Boston, eu esperava uma refeição vegetariana de alto nível. Mas a essa altura ficaria bastante satisfeito com um arroz integral com legumes. Decidi parar de dirigir e simplesmente pedir o serviço de quarto do hotel – se conseguisse achar o caminho de volta. De algum modo consegui me perder de novo e voltar à Harvard Square. Percebi que o universo talvez estivesse tentando me dizer alguma coisa, por isso estacionei o carro e saí.

Dessa vez olhei com mais atenção para ver se havia ao menos algum lugar pequeno que tivesse um prato vegetariano. Notei que havia alguns becos entre os prédios. Não eram para carros, mas havia lojas dos dois lados. Entrei num beco e, veja só, 15 metros depois havia um pequeno quadro-negro anunciando: "Especial do Dia: Arroz integral com legumes frescos." Baixei a cabeça com alívio e gratidão, mas logo descobriria que ainda não tinha visto nada.

A placa levava a uma escadinha estreita que descia para um pequeno restaurante. Era simplesmente perfeito para o clima em que eu estava. Fiz o pedido e uma paz profunda baixou sobre mim enquanto eu desfrutava da refeição fantástica que a vida me havia proporcionado. Mas uma coisa incomodava meu momento de paz. Desde o momento em que eu tinha entrado no restaurante, o homem atrás do balcão ficava me olhando. Ele me olhava tanto que fiquei um pouco desconfortável. Quando terminei de comer, em vez de o garçom me trazer a conta, foi o homem que a trouxe. Quando fui pegar a carteira, ele me fez uma pergunta: "Por acaso você é Mickey Singer?"

Fiquei completamente pasmo enquanto a sequência improvável de eventos que tinha me levado àquele restaurante era repassada na minha mente.

Que negócio era esse? Eu não conhecia aquela pessoa. Respondi que sim, e a energia entre nós se tornou intensamente espiritual. O homem disse que eu não devia me lembrar dele, mas que ele se lembrava de mim. Em 1972, mais de 16 anos antes, ele estava atravessando Gainesville de carona e eu o havia pegado na minha Kombi. Ele estava num período muito difícil na vida e perguntou sobre a foto de Yogananda no painel do carro. Expliquei que eu curtia muito yoga e estava estudando os ensinamentos daquele grande mestre. Quando chegou a Atlanta, ele passou por uma livraria e viu a foto de Yogananda na vitrine. Entrou e comprou um exemplar de *Autobiografia de um iogue*, como eu o havia encorajado a fazer. Pelo jeito isso havia mudado sua vida. Ele acabou conhecendo Baba durante a turnê mundial e agora morava num centro de yoga em Boston. Disse que frequentemente se perguntava se eu teria conhecido Baba; então viu uma foto de nós dois na Disney World. Isso lhe deu uma enorme alegria, e ele rezou para que um dia tivesse a oportunidade de me agradecer pessoalmente pelo papel importante que eu tivera em seu despertar. Agora, com essa oração milagrosamente atendida, ele parou diante de mim com lágrimas nos olhos e disse: "Obrigado."

Em seguida se virou e se afastou.

Enquanto ia pelo beco até o meu carro, olhei para trás, para o quadro-negro que tinha me atraído para aquele acontecimento inacreditável. Lembrei que, antes de entrar no restaurante, eu achava que sabia o que estava acontecendo: um fluxo muito interessante de eventos tinha me levado ao arroz integral com legumes. Estava errado. Era muito maior do que isso. Sempre é muito maior do que isso – para todo mundo. Fiquei feliz demais por ter decidido dedicar a vida ao aprendizado da entrega. Não sabia o que estava acontecendo e tinha chegado ao ponto de nem querer saber. Pelo jeito, até uma viagem de negócios a Boston era motivo para um milagre.

# PARTE VII

# Quando nuvens escuras se transformam em arco-íris

## 39

# Um toque de magia

Meu signo é Touro e minha natureza sempre foi simplesmente me acomodar e fazer meu trabalho. Nunca fui do tipo que está sempre procurando mudanças. Gostava da repetição de um estilo de vida estável e crescimento gradual, sustentável. Tanto a empresa quanto o Templo passaram por estágios naturais de crescimento. E sempre achei que cada estágio se tornaria sua condição fixa.

No início da década de 1990 eu achava que tínhamos terminado a fase de crescimento rápido. A Personalized Programming estava numa forma fenomenal. Tínhamos vinte funcionários e o faturamento chegava a alguns milhões de dólares por ano. Eu ainda não tinha mudado meu estilo de vida pessoal, por isso continuei a usar o dinheiro para criar recursos para o Templo e apoiar várias instituições de caridade. Na época, Barb estava morando na minha casa e eu ocupava uma pequena acomodação para hóspedes na construção que o Templo usava para os jantares. Essa construção tinha uma grande passarela de madeira que se estendia por cima de uma área pantanosa, conectando-a com o escritório da Personalized Programming. Essa passarela era o meu trajeto para o trabalho. Todos que morávamos no Templo trabalhávamos duro e realizávamos juntos as atividades da manhã e da noite. Pessoas da comunidade de Gainesville vinham regularmente para minhas palestras de segunda e quinta-feira, e uma grande multidão sempre aparecia nas manhãs de domingo. As coisas iam bem, e eu achei que havia terminado o período de crescimento louco. Pelo jeito, estava enganado.

Para entender a próxima onda de crescimento, é importante entender o que acontecia dentro de mim naquela época. Todos os acontecimentos que haviam se desenrolado até então no meu experimento de entrega incondicional tinham me mostrado que, quanto mais eu me dispunha a abrir mão do ruído interior criado pelos meus gostos e aversões, mais conseguia enxergar as sincronicidades sutis no que se desdobrava ao redor. Essas simultaneidades inesperadas de acontecimentos eram como mensagens da vida me cutucando gentilmente para ir na direção em que ela ia. Eu escutava essas cutucadas gentis em vez de ouvir as reações mentais e emocionais não muito sutis provocadas por minhas preferências pessoais. Era assim que eu praticava a entrega na vida cotidiana, e o propósito de todas essas histórias é compartilhar com você a perfeição da jornada que se desenrolou.

Veja o caso da propriedade do Templo. Como já mencionei, não tínhamos interesse em possuir um monte de terras. Mas no correr dos anos o Templo acabaria com uma propriedade enorme, e cada compra parecia ter um quê de magia. Assim foi em outubro de 1990, quando recebi um telefonema sobre uma propriedade posta à venda na nossa área. O corretor disse que eram 35 hectares de floresta e campos combinados, um dos terrenos mais lindos no condado de Alachua. Eu disse a ele que não estaríamos interessados, já que nosso foco era em terras adjacentes à propriedade do Templo. Ele insistiu em me levar para ver, e ambos ficamos muito surpresos quando descobrimos que aquelas terras exóticas na verdade faziam limite com a terra arrendada pelo Templo. Isso foi um cutucão suficiente para mim. Fiz um esforço mínimo e a compra pareceu se resolver sozinha.

Considerei essas terras um presente do universo. Elas chegaram a nós de um modo totalmente inesperado, e fiquei sem fala ao ver como se encaixavam como peças de um quebra-cabeça.

Apenas três meses depois, o golfista, Tom Jenkins, telefonou dizendo que iria se mudar, e nós percebemos que a propriedade dele era praticamente cercada pela nossa nova compra. Isso significava que agora o Templo possuiria 69 hectares de terras contíguas. Não teríamos feito melhor se tivéssemos comprado tudo junto. Era como se cada pedaço esperasse até que pudéssemos comprá-lo. A perfeição do que havia acontecido era espantosa, mas ainda não tínhamos terminado.

Depois de fecharmos a compra da propriedade de Jenkins, Radha se mudou para a casa que era dele. Na época ela disse que eu deveria arrumar um lugar melhor para viver do que o espaço atrás da cozinha. O quarto era muito pequeno e praticamente não tinha privacidade, porque todo mundo ficava entrando e saindo da casa principal, dia e noite. Eu disse a ela que estava bem e que gostava de esperar que o fluxo da vida fizesse as coisas acontecerem. Ela me desafiou dizendo que o fluxo da vida tinha nos dado terras e dinheiro suficiente. O que mais eu queria? Que o universo me telefonasse um dia me mandando construir uma casa? Eu disse que, se era para eu ter uma casa, algo aconteceria para tornar isso perfeitamente claro. Nesse meio-tempo eu estava bem no lugar onde morava.

Apenas duas semanas mais tarde recebi um telefonema de um vizinho informando que ia pôr sua casa à venda. O único terreno entre a terra dele e meus 4 hectares originais tinha sido comprado pelo Templo anos antes. Isso significava que sua propriedade fazia limite direto com a nossa. Devido à conversa que eu tivera com Radha apenas algumas semanas antes, prestei atenção especial ao que meu vizinho tinha a dizer. Ele disse que tinha passado muitos anos construindo uma casa muito especial e que gostaria de me mostrá-la. Não demonstrei ao telefone, mas senti calafrios na espinha ao perceber o que estava prestes a acontecer. Liguei para Radha e disse que ela deveria ir comigo ver aquele lugar – só para o caso de aquele ser o telefonema do universo falando da casa que arrumara para mim.

Enquanto subíamos pela entrada de veículos comprida e sinuosa, uma linda casa em estilo chalé nos esperava no fundo da propriedade. Minha primeira impressão foi que havia algo muito especial naquela residência. Por acaso meu vizinho era um carpinteiro excelente. Tinha passado doze anos trabalhando na casa, do mesmo jeito que algumas pessoas construíam um iate ou veleiro de alto nível.

A casa não era grande, tinha apenas uns 170 metros quadrados. Ficava num terreno de cinco hectares tão bem cuidado que parecia um parque. Assim que olhei lá dentro, percebi que não poderia projetar uma casa mais perfeita para mim se tentasse. Apesar de cada canto ter seu caráter especial, havia algo mágico no pequeno terceiro andar acima da área da cozinha. Quando subi os degraus da escada íngreme, parecia que estava indo para uma casa na árvore. Mas o que encontrei foi o espaço mais perfeito para uma sala de meditação que eu poderia imaginar. O último andar era uma sala de três por quatro metros, com cada centímetro trabalhado à mão, como o sonho de um artista. As quatro paredes eram envoltas por antigos vitrais com séculos de idade salvos da casa de um almirante em Boston que tinha sido demolida. O resultado era tão refinado que parecíamos ter sido transportados para o século XVIII. Como se isso não bastasse, quando olhei para cima vi que o último andar era coberto por uma cúpula. As traves expostas chegavam a um cume alto no meio, fazendo parecer que estávamos no centro de uma pirâmide. O espaço era tão primoroso que a mente se aquietava apenas por estar ali.

Desnecessário dizer que eu comprei a casa e moro nela desde então. A magia de como todas aquelas propriedades se juntaram alcançou o auge com essa última compra. Meu vizinho sempre havia chegado em casa usando a entrada de veículos, na frente. Só foi necessário um momento de exploração para perceber que os fundos da propriedade faziam limite direto com o campo que tínhamos arrendado de Wilbur. Assim que fizemos uma abertura entre as árvores atrás da casa, eu podia ir de carro ou a pé até o Templo sem sair da propriedade. De modo espantoso, agora esse campo ligava todas as propriedades que tínhamos comprado nos vinte anos anteriores, formando um bloco único. Ninguém planejou isso; a coisa simplesmente aconteceu assim. Dizer que fiquei emocionado com o que a vida tinha feito dessa vez seria um eufemismo.

Construí uma passarela de madeira conectando minha casa nova à passarela existente, e esse se tornou o meu novo caminho para o trabalho. Algum tempo depois Mataji veio nos visitar e eu lhe mostrei a casa. Em sua voz baixa, ela disse: "Então Deus ligou um dia para você e disse: 'Mickey, sua casa está pronta.'"

Acho que isso praticamente resume tudo.

*Um dia a vida telefona para mim e diz: "Mickey, sua casa está pronta."*

*Meu caminho para o trabalho – realmente maravilhoso.*

## 40

# O assustador mensageiro da mudança

Fui morar na minha casa nova na primavera de 1991, e era como se estivesse vivendo um sonho. Eu me sentia totalmente satisfeito com tudo ao meu redor: família, negócios e a comunidade do Templo. A perfeição do que me cercava era suficiente para desafiar a mente racional. E sempre tive consciência de que jamais pedira nada disso – estava vivendo uma vida criada pelo fluxo da vida.

Agora posso olhar para trás e ver o momento exato em que os ventos que anunciavam o próximo período de mudanças sopraram direto no meu rosto. Na ocasião não entendi o que viria, mas pelo menos já sabia que deveria abraçar qualquer coisa que estivesse acontecendo. Já havia aprendido repetidas vezes que não importava se eu entendesse ou não o que estava acontecendo; bastava me dedicar ao momento presente e confiar que a vida sabia o que fazia. O fluxo de eventos que veio em seguida foi tão milagroso que teve o efeito de me libertar permanentemente de toda uma camada da minha mente pessoal. Se a vida podia apresentar esses acontecimentos, como eu poderia não me entregar completamente à sua perfeição?

Mas antes de começarmos preciso confessar: não posso prever o futuro. De jeito nenhum eu poderia saber que, para continuar com o crescimento a que a Personalized Programming estava destinada, não bastaria dobrar, nem mesmo triplicar meus 25 funcionários na época – nós precisaríamos chegar a mais de 300 colaboradores. E mais: eu jamais imaginaria que nossas acomodações teriam que passar dos 400 metros quadrados para mais de 8 mil metros quadrados para dar espaço ao que viria. Se alguém tivesse tentado me dizer isso no início da década de 1990, eu responderia que a pessoa era louca! No entanto, para crescer assim era melhor haver algum planejamento. Aparentemente havia, mas não da minha parte.

Essa história incrível da perfeição da vida proporcionada para nosso crescimento futuro começou numa tarde de sexta-feira, quando um inspetor de zoneamento apareceu de repente no nosso escritório. Ele pareceu muito surpreso ao ver uma empresa ali na floresta e pediu que eu ligasse imediatamente para seu superior, o chefe do departamento de zoneamento do condado. Foi assim que tudo começou – e não parecia ser nada bom.

Eu conhecia o chefe do departamento de zoneamento devido ao meu trabalho na Built with Love. Telefonei para ele e, depois de algumas amenidades, ele explicou que, apesar de o público não frequentar a sede do nosso negócio, aqui eu não tinha o zoneamento necessário para uma empresa. Explorei com ele as soluções possíveis, inclusive conseguir uma mudança de zoneamento ou obter uma permissão especial, mas nada adiantou. Para deixar clara a sua posição, ele disse que, devido ao plano de uso da terra no estado, mesmo que meu pai fosse presidente dos Estados Unidos e eu tivesse um milhão de dólares para gastar com o esforço, jamais conseguiria obter zoneamento legal para uma empresa em nenhuma parte da nossa propriedade.

Percebendo que eu estaria tremendamente encrencado se ele fechasse minha empresa, passei ao controle de danos. Disse a ele que entendia sua posição e perguntei o que deveria fazer. Ele me disse para começar a procurar um terreno na rodovia principal, já que aquela seria a zona empresarial mais próxima da nossa propriedade. Meu coração afundou quando percebi que este pedacinho do paraíso que tinha sido criado organicamente no correr dos anos estava para mudar. A rodovia principal ficava no mínimo a uns 5 quilômetros, e a distância para alguma propriedade disponível devia ser muito maior.

Respirei fundo, levantei a cabeça e lhe dei a palavra de que cuidaria do problema. Pedi um tempo razoável para encontrar o terreno e fazer a mudança. Ele não prometeu nada, mas disse que falaria de novo comigo para garantir que estávamos trabalhando para cumprir as exigências.

Foi assim que a vida conseguiu, não muito sutilmente, me dar um cutucão para nos fazer procurar um novo local. No momento em que desliguei o telefone, fui à sala de Rick Karl para pedir auxílio jurídico. Rick concordou que aqui, no meio do zoneamento agrícola, não tínhamos uma base real para conseguir autorização para uma pequena empresa funcionar. Assim ligamos para um corretor, pedindo que ele procurasse a propriedade mais próxima que pudesse abrigar uma organização. Eu não queria mudar a empresa para longe do Templo, é claro, mas o experimento de entrega implicava que eu precisaria me manter aberto e ver para onde o fluxo dos acontecimentos da vida me levaria. Meses se passaram, um depois do outro, mas nada adequado apareceu. Quanto mais o tempo passava, mais aumentava o risco de o condado nos fechar. Mesmo assim eu esperava pacientemente que a vida fizesse sua jogada.

Em setembro daquele ano a vida fez sua jogada. Recebemos um telefonema da pessoa que tinha nos vendido a linda propriedade de 35 hectares um ano antes. Agora ele queria vender os 20 hectares adjacentes que iam até a estrada asfaltada do condado. O terreno se encaixava perfeitamente com a propriedade do Templo, por isso nós o compramos. Na época, não tínhamos como imaginar que essa compra acabaria relacionada com a busca da Personalized Programming por um zoneamento empresarial legal. Estávamos apenas lidando com o que era posto à nossa frente.

Alguns meses mais tarde, surgiu uma nova questão relacionada a um terreno, e precisamos lidar com ela. Parecia que alguém estava planejando construir um lixão para entulho de construções do outro lado da rua, diante dos 20 hectares que o Templo tinha acabado de comprar. Procuramos informações e ficamos chocados ao descobrir que era verdade. O terreno tinha sido anexado à cidade de Alachua anos antes e não estava mais sob o zoneamento do condado. O dono era um importante vereador da cidade e o havia vendido recentemente para ser usado como depósito para rejeitos de construções. Projetava-se que nos próximos vinte anos uma centena de grandes caminhões de entulho estaria rodando pela nossa estrada, sete dias por semana, descarregando o material numa propriedade adjacente à nossa e à dos nossos vizinhos. Era isso o fluxo da vida, então? Eu achava que ele deveria nos conduzir a pastos verdes, não a lixões!

A vizinhança ficou em polvorosa. O Templo era o maior proprietário de terras na área e as pessoas começaram a nos perguntar o que fazer. Nós examinamos a situação, e parecia que a prefeitura de Alachua tinha a autoridade para conceder uma permissão especial para um depósito de lixo – se os vereadores concordassem. Nós não tínhamos escolha a não ser concentrar nossa atenção nesse tema e deixar um pouco de lado a busca pelo novo terreno para a empresa.

Decidimos que o melhor caminho seria escrever uma carta informando aos cidadãos de Alachua que, como não havia um plano amplo de administração de rejeitos na cidade, um lixão poderia ser criado em qualquer lugar, inclusive no terreno vazio ao lado da casa da pessoa. O objetivo era pressionar a prefeitura a aprovar um plano amplo de administração do lixo em vez de emitir arbitrariamente permissões de uso especial, como iriam fazer com aquele depósito de entulho.

Acredite ou não, deu certo. Na noite da reunião dos vereadores para discutir o assunto, a prefeitura estava apinhada com pessoas em pé. Antes de declarar o início da reunião, o prefeito se levantou e disse a todo mundo para não se preocupar porque não haveria uma votação sobre uma permissão especial de uso naquela noite nem em qualquer outra noite até que a cidade aprovasse um plano amplo de administração do lixo. A comissão agradeceu aos cidadãos pela ajuda e se comprometeu a trabalhar num plano o mais rapidamente possível.

Mal sabíamos que nossa vitória com relação ao lixão era na verdade a mão milagrosa da vida cuidando da questão de zoneamento da Personalized Programming. Alguns dias depois, recebemos um telefonema informando que, como o depósito não tinha recebido a permissão, o terreno de 75 hectares tinha sido posto à venda por um preço muito razoável. Como a propriedade ficava na cidade de Alachua, ficamos sabendo que era possível zoneá-la para uso empresarial. Jamais me esquecerei do rosto de Rick quando ele entrou na minha sala para contar a conversa que tivera com o corretor. O impossível havia acontecido: o fluxo da vida tinha acabado de se desenrolar de tal modo que levou a um telefonema dizendo que, em vez de um lixão adjacente à propriedade do Templo, poderíamos colocar nossa empresa lá. Rick e eu simplesmente ficamos sentados em silêncio por um tempo. O sentimento de arrebatamento e graça na sala era tão poderoso que nenhum de nós conseguia se mover, quanto mais falar.

Veja bem o que Rick e eu havíamos testemunhado nos seis meses anteriores. Primeiro a vida tinha me informado explicitamente que eu precisava deixar meu escritório no terreno do Templo e encontrar um novo local. Quando tentei obedecer, nada se encaixava. Então, do nada, fomos apresentados a um terreno que em última instância iria conectar a propriedade do Templo à nossa futura propriedade da empresa, sem que tivéssemos a menor ideia do que estava realmente acontecendo. Então o fluxo da vida nos apresentou o que parecia ser uma situação terrível em que alguém estava se preparando para construir um lixão adjacente à nossa propriedade. Mas o que de fato estava acontecendo era que a vida se preparava para nos dar um grande presente: o terreno mais perfeito de todos para o futuro da Personalized Programming. Essa terra era adjacente à propriedade do Templo e podia conseguir zoneamento empresarial legal, algo que tinham nos dito que era impossível ali onde morávamos. E não esqueçamos que tudo isso aconteceu enquanto eu tinha apenas 25 funcionários e não poderia saber que um dia precisaria de algo assim – mas aparentemente a vida sabia e cuidou bem de nós. E assim foi. Agora a Personalized Programming tinha zoneamento empresarial legal numa propriedade adjacente à terra do Templo. Estava na hora de construir.

Com tantas terras aparecendo de modo tão milagroso, fui obrigado a repensar meus planos para o tamanho do novo prédio da empresa. Estiquei os pensamentos até me imaginar construindo algo que garantisse que jamais precisássemos construir de novo. Projetamos um belo prédio de 1.400 metros quadrados, digno de uma empresa bem-sucedida como a Personalized Programming. A Built with Love, que eu tinha vendido muitos anos antes para um dos meus mestres de obra, construiu o prédio, que ficou primoroso. Em junho de 1993, a Personalized Programming mudou seus 25 empregados para o novo lar, mais adiante na estrada. Passamos de 400 metros quadrados para 1.400 – pelo menos jamais precisaríamos fazer novas obras.

De modo espantoso, não foi bem isso que aconteceu. No ano seguinte mais do que dobramos de tamanho e precisamos começar a planejar outro prédio. O Prédio 2 era ainda maior do que o Prédio 1 e se ligava a este por uma passarela coberta. É bom que a vida nos tenha dado terras suficientes para lidar com essa expansão totalmente inesperada. Depois de tudo feito, tínhamos cinco prédios que nos davam mais de 8 mil metros quadrados de escritórios de alta tecnologia. Até hoje fico perplexo vendo como a vida se desenrolou para nos dar justo aquilo de que precisávamos, justo quando precisávamos.

*Personalized Programming, 1993. Disseram que era impossível, no entanto a vida manifestou esse maravilhoso prédio novo adjacente à propriedade do Templo. Que fluxo incrível de acontecimentos!*

*Instalações de P&D da Medical Manager Corporation, 2003. A vida sabia até mesmo que deveria permitir uma expansão que jamais havia sido sonhada – de um prédio para um impecável complexo de escritórios com cinco prédios.*

# 41
# A criação do alicerce para o futuro

O crescimento da Personalized Programming era espantoso. Junto vieram todos os problemas associados a uma empresa de tecnologia com crescimento rápido. Administrar de dez a vinte pessoas é uma coisa, administrar 55 é outra muito diferente. Num determinado ponto você precisa começar a contratar gestores só para administrar pessoas. Eu resisti ao máximo à criação da gerência intermediária. Tentei deixar que as equipes se administrassem sozinhas com minha orientação constante. Como tínhamos saído do zero e pouquíssimos funcionários meus iam embora, tínhamos uma tremenda riqueza de conhecimento técnico e setorial no nosso grupo de programadores. Com 25% de todos os médicos independentes de todos os Estados Unidos usando o Medical Manager, o setor de administração de consultórios médicos fluía através de Alachua, Flórida. Não precisávamos decidir em que direção iríamos; éramos surfistas pegando a poderosa onda da demanda do setor. Havia tanto trabalho a fazer que era quase impossível acompanhar o ritmo.

No fim de 1994, comecei a perceber que não poderia cuidar de todos os grupos de programadores e dos aspectos financeiros e administrativos de uma empresa de muitos milhões de dólares e ainda por cima nos preparar para a próxima onda de crescimento. Precisava de uma ajuda séria. Assim fiz o que sempre fiz: trabalhei mais duro ainda e esperei que o fluxo da vida fizesse o que fazia.

Foi nesse contexto que conheci Tim Staley. Tim era um desenvolvedor profissional de programas de computador e consultor sênior de

TI que tinha decidido se mudar com a família para o campo. Tinha escolhido como novo lar a minúscula cidade de High Springs, poucos quilômetros ao norte de Alachua. Se você é um profissional de TI e se muda para a minha área de floresta, certamente vai ouvir falar da Personalized Programming. Tim se candidatou a um emprego, como qualquer um faria. Mas ele não era como as outras pessoas – Tim era mais um milagre. Como todas as outras coisas que apareciam exatamente quando deveriam, a vida largou no meu colo aquele desenvolvedor/executivo de TI altamente capaz e experiente. Ele não apenas acabaria sendo a solução para os problemas de desenvolvimento que estávamos enfrentando, mas também seria a solução para um problema muito maior que ainda nem tinha vindo à tona.

Lembro-me de quando conheci Tim. Ele estava com pressa de arranjar um emprego na área para poder se mudar com a família antes do início das aulas dos filhos. Depois de ver seu currículo, deixei que o RH marcasse uma reunião num sábado para que Tim não precisasse faltar ao trabalho. Ele era jovem, com aparência muito limpa e adequada, e segurava uma Bíblia na mão direita. É uma coisa incomum para levar a uma entrevista de emprego, mas Tim era claramente um cristão muito religioso e queria que eu soubesse disso. Para mim, isso não era problema, mas eu não tinha certeza se ele não se incomodaria com um chefe iogue de rabo de cavalo e sandálias.

Fomos até a minha sala e começamos a nos conhecer. Na verdade, Tim era um cientista de foguetes. Tinha trabalhado durante anos na Harris Corporation escrevendo códigos para sistemas de orientação de mísseis. Percebi imediatamente que podia ticar o quesito "inteligente o bastante". Ele tinha sido desenvolvedor, chefe de equipe e gerente de projetos. Tim se saiu tão bem no desenvolvimento geral de projetos e na capacidade de relacionamento humano que agora era consultor sênior da Texas Instruments, cuidando de grandes projetos para clientes. Curiosamente, naquela época ele estava prestando consultoria para um grande projeto de TI para a Blue Cross Blue Shield da Flórida.

Começamos a discutir a filosofia do desenvolvimento de programas, e éramos tão diferentes quanto nossas roupas. Para mim, o desenvolvimento de software era uma arte criativa. Para ele era um projeto de engenharia. A verdade é que eu sabia que, para ter sucesso a longo prazo, o desenvolvimento precisava ser as duas coisas. Tim obviamente trazia à mesa a disciplina experimental resultante de ser um engenheiro de programas sênior em uma empresa de tecnologia da Fortune 500. Nós precisávamos desesperadamente desse conhecimento e dessa experiência.

Tim e eu passamos horas juntos e gostamos um do outro. Ele se encaixava perfeitamente nas necessidades da Personalized Programming, tanto profissional quanto pessoalmente. Mas eu ainda tinha uma questão que precisava ser resolvida. Se Tim iria pensar seriamente em aceitar o emprego, eu precisava garantir que ele estaria confortável com quem eu era. Em algum momento ele com certeza ouviria falar do Templo do outro lado da rua. Decidi que a coisa certa a fazer era levá-lo até lá e mostrar tudo.

Fiquei impressionado ao ver como Tim se mostrou aberto ao Templo. Ele ficou fascinado com os artefatos das várias religiões e fez um bocado de perguntas profundas sobre meditação e yoga. Por acaso Tim era muito mais do que uma pessoa muito religiosa – era profundamente espiritualizado e tinha um amor verdadeiro por Deus. Em vez de se sentir ofendido pelo modo como eu vivia, ficou inspirado pelo meu estilo de vida. Um elo muito espiritual se formou naquele dia, quando compartilhamos nossas experiências e crenças espirituais. Esse laço de amizade espiritual cresceu nos dez anos seguintes em que trabalhamos juntos. Pelo jeito a vida tinha se superado outra vez.

Contratei Tim e decidimos silenciosamente colocá-lo como desenvolvedor, e não como executivo. Ele queria trabalhar direto com o meu pessoal para conhecer em primeira mão o ambiente de desenvolvimento. O plano era que depois de alguns meses ele começaria a reorganizar e assumir o comando das equipes de desenvolvimento.

Eu continuaria encarregado da direção de produtos; ele ficaria encarregado da engenharia. Eu mal podia esperar para descobrir o tamanho da carga de trabalho que Tim seria capaz de assumir.

O Medical Manager tinha mais de 15 anos quando Tim começou a trabalhar com ele. Havia sido projetado para pequenos consultórios médicos e agora era usado na administração de grandes clínicas e organizações de cuidados com administração descentralizada. Não era incomum que alguns dos nossos maiores representantes instalassem sistemas que serviam a centenas de usuários. Se isso continuasse assim, acabaríamos ultrapassando as especificações técnicas do programa. Além disso, nossos clientes estavam começando a pedir que modernizássemos o produto geral. Era evidente: a não ser que fizéssemos alguma coisa, nossos dias estariam contados. Se quiséssemos um alicerce sólido para o futuro, precisaríamos reescrever totalmente o produto.

Essa não era uma decisão para corações fracos. Exigiria um investimento tremendo, arriscando anos de recursos de desenvolvimento e milhões de dólares. Enquanto pensava na enormidade do projeto à frente, finalmente me dei conta: esse era o verdadeiro motivo para Tim ter sido mandado até nós. Ele chegara para fazer a reengenharia do Medical Manager, transformando-o num produto totalmente novo com a tecnologia de desenvolvimento de ponta.

Não podíamos nos dar ao luxo de interromper o ritmo rápido de desenvolvimento do sistema existente, por isso autorizei Tim a contratar toda uma nova equipe para criar o novo produto. O nome seria Intergy, e era bom estarmos construindo novos prédios, porque certamente precisaríamos deles. Eu confiava em Tim implicitamente e lhe dava tudo que ele pedia. Demoramos quase cinco anos para lançar o novo produto, mas quando tudo estava pronto, tínhamos algo que nos manteria no mercado por muitos anos. Olhando em retrospecto, é óbvio demais que nunca teríamos o sucesso que tivemos se Tim não tivesse aparecido exatamente quando apareceu. Como é que isso continuava acontecendo?

## 42

# Enquanto isso...

Havia tanto trabalho a fazer na Personalized Programming que eu praticamente trabalhava durante todas as horas que passava acordado – a não ser pelas manhãs e noites no Templo. A comunidade do Templo era tão estável que mal precisava do meu tempo como administrador. Radha era capaz de cuidar do Templo e de suas finanças, ainda que seu cargo como diretora financeira da Personalized Programming a mantivesse trabalhando dia e noite. No meio de toda essa transformação, o Templo também iria passar por uma mudança.

No fim de 1994 Amrit teve uma grande desavença com seus seguidores. Como acontece com tantas pessoas que colocamos num pedestal, alguns comportamentos inadequados do seu passado vieram à luz, e a situação se mostrou extremamente difícil para todo mundo. Quando ouvi dizer que Amrit havia saído da comunidade, convidei a ele e sua esposa para passar um tempo de calma vivendo conosco no Templo. Estar presente quando uma pessoa está nas alturas é fácil. Ficar perto em momentos difíceis exige uma amizade profunda. Todos nós tínhamos recebido muito de Amrit no decorrer dos anos. Estávamos comovidos com a oportunidade de retribuir de alguma forma.

Fazia anos que Radha vinha morando na casa dos Jenkins. Como era a melhor casa da nossa propriedade, ela imediatamente se ofereceu para sair de lá. Em dezembro de 1994, Amrit e sua mulher se mudaram para aquela casa e viveram lá durante quase três anos. Foi uma experiência incrível estar tão perto de uma pessoa tão evoluída que passava por uma mudança de vida tão grande. Enquanto permaneceu aqui, Amrit simplesmente deixou que a situação o conduzisse a qualquer mudança necessária. Situações assim são como fogo, e ele só queria usar esse fogo para a purificação espiritual. Ele não estava triste, não estava magoado e não estava com medo – estava apenas totalmente entregue à experiência. Eu via todo o tempo em Amrit o que sempre via dentro de mim: quando a situação aperta, não me importa o que seja necessário, apenas me liberto de mim mesmo. A única oração significativa é para que aquele fogo incandescente seja tão destrutivo para o eu pessoal a ponto de cortar a corda que o prende. Alma com alma, Amrit e eu tínhamos isso em comum – a libertação a qualquer custo.

Não me isolei do que Amrit estava passando. Queria compartilhar a experiência de explorar como seria por dentro se tudo do lado de fora fosse retirado. Lembrei-me da sabedoria do rei Salomão: *Tudo tem seu tempo, e há tempo para todo o propósito debaixo do céu.* Eu tinha me sentido honrado por conhecer Amrit como um mestre mundialmente famoso; agora me sentia mais honrado ainda por estar perto quando ele passava por um período de grande escuridão, ou melhor, quando um período de grande escuridão passava por ele. Ele jamais reclamava e jamais ficava deprimido ou desanimado. Passava cada dia entregando-se num nível cada vez mais profundo. A realidade era o que era – seria melhor usá-la para abrir mão do eu pessoal.

Como acontece com todas as coisas, com o tempo a energia começou a mudar. O ruído do passado foi sumindo e as oportunidades para o futuro começaram a se abrir. Um dia Amrit me pediu para ir de carro com ele ver um lugar que ele havia encontrado na Floresta Nacional de Ocala. Era numa cidade muito pequena a menos de uma hora e meia ao sul do Templo. Não pude acreditar quando vi o local. Era uma casa gigantesca, absolutamente linda, à beira de um lago estupendo, e além disso havia cinco ou seis chalés na propriedade. Era um lar perfeito para ele e sua família. Em todos os lugares por onde andava, eu sentia Amrit. Fazia anos que nos conhecíamos, e eu entendia seu gosto. Não seria possível construir uma casa especificamente para ele que fosse mais perfeita do que aquele lugar. Precisei controlar as lágrimas quando percebi: era o fim. O período de escuridão havia passado. Encorajei-o a comprar a propriedade se ele pudesse pagar. Então ele me disse o preço. Não pude acreditar nos meus ouvidos – era a barganha do século.

Aprendi muito sobre entrega com Amrit durante todo esse período difícil. O que vi foi que, não importa quem nós somos, a vida vai nos fazer passar pelas mudanças que precisamos enfrentar. A questão é: estamos dispostos a usar essa força para a nossa transformação? Eu vi que nem mesmo as situações muito intensas precisam deixar cicatrizes psicológicas se estivermos dispostos a processar nossas mudanças num nível mais profundo. Meu experimento de entrega já havia me ensinado a honrar profundamente a força transformadora da vida. Ter compartilhado aquele tempo com Amrit seria mais importante do que eu imaginava, porque a vida que eu conhecia estava mais uma vez prestes a sofrer uma mudança grande e inesperada.

# PARTE VIII

# Abraçando a expansão explosiva

# 43

# O Medical Manager
# ganha asas

Se você me perguntasse em 1995 como seria o futuro da Personalized Programming, eu diria que tínhamos crescido o máximo que poderíamos e que o desafio seria permanecer no topo do setor. Se você perguntasse sobre meu experimento de entrega, eu diria que a prática implacável de abrir mão de mim mesmo para abraçar totalmente o que se desenrolava ao meu redor estava tendo um efeito profundo no meu crescimento espiritual. Na verdade, isso havia se tornado meu estilo de vida. Eu tinha visto repetidas vezes que abrir mão levava não apenas a resultados espantosos, mas também me deixava num estado de profunda paz interior. Eu não estava no comando; a vida é que estava, e havia um entusiasmo implícito em ver o que aconteceria em seguida. Afinal de contas, era só olhar o que havia acontecido até então.

No fim de 1995, a Personalized Programming havia crescido e tinha 75 funcionários, com trabalho suficiente para nos manter ocupados por muito tempo. Eu adorava o que fazíamos e obviamente éramos muito bons nisso. Nosso faturamento havia chegado a 10 milhões de dólares por ano e, como a maior parte eram pagamentos de royalties, lucrávamos de 5 a 6 milhões por ano. O Medical Manager em si já tinha mais de quinze anos e tocava a vida de centenas de milhares de pessoas. Na minha visão limitada das coisas, eu nos via continuando assim pelo futuro próximo.

A primeira pista de que havia uma nova mudança radical no horizonte veio quando fiquei sabendo que a Systems Plus e muitos representantes estavam discutindo a possibilidade de se fundirem numa única empresa. Parece que eles achavam que isso iria ajudá-los a competir melhor em nível nacional. Logo depois recebi uma visita de um dos nossos maiores distribuidores, John Kang, sediado em Tampa. Ele me informou que vinha trabalhando numa proposta para consolidar os representantes do Medical Manager numa empresa combinada e apresentou seu plano de inicialmente comprar a Personalized Programming, a Systems Plus e três ou quatro dos maiores distribuidores. Explicou que isso exigiria um grande investimento inicial, mas que já estava com tudo organizado. A apresentação foi muito profissional, mas eu não via por que a Personalized Programming precisaria se envolver. Disse a ele que estaria disposto a me comprometer legalmente em fornecer o Medical Manager para a nova empresa. Então ele soltou a bomba: qualquer investidor insistiria que o software básico fosse de propriedade da própria empresa.

Fiquei muito desconfortável com a ideia de vender a Personalized Programming. Mas fiquei mais desconfortável ainda achando que eu seria o motivo para todas aquelas centenas de distribuidores, e da Systems Plus, não poderem receber o valor merecido por suas empresas. Falei a John que não estava interessado em vender a empresa por preço nenhum, mas, se minha relutância estava realmente atrapalhando os sonhos de todo mundo, eu precisaria pensar na proposta dele. Falei que ele poderia voltar para conversar comigo se tivesse sucesso em convencer os outros de seu plano. Mas o que eu esperava mesmo era que a coisa toda simplesmente desmoronasse sozinha.

Algumas semanas depois, John voltou após ter obtido a concordância de alguns dos nossos maiores distribuidores, inclusive a Systems Plus. Estava claro: seria como em todas as ocasiões anteriores em que eu tivera de pôr de lado minhas fortes preferências pessoais e me entregar ao que se manifestava diante de mim. Não gostei nem um pouco, mas estava totalmente comprometido em ver para onde o caminho da entrega à vida iria me levar.

John Kang fez uma oferta convincente pela Personalized Programming, que incluía dinheiro e ações da nova empresa. Em seguida partiu na difícil jornada de fundir cinco empresas em uma e levantar as verbas necessárias para a fusão. Os banqueiros decidiram que seria melhor levantar os 150 milhões de dólares necessários vendendo ações da nova empresa no mercado aberto. A data para uma oferta pública inicial (IPO) foi marcada para o início de 1997, mas muito trabalho ainda precisava ser feito.

Que mundo incrível! A Personalized Programming tinha crescido aos poucos, a partir de suas humildes raízes de apenas um funcionário: eu. Agora era uma empresa de capital aberto muito bem organizada e bem-sucedida. Esse nível de organização não existiria quando um punhado de empresas independentes fossem jogadas juntas numa panela pela primeira vez. Haveria as esperadas lutas pelo poder, questões de aquisições de distribuidores e constantes questões jurídicas e financeiras a ser aplainadas. Mesmo assim, não me permiti ser apanhado em todos aqueles pensamentos negativos. Permaneci aberto e completamente intrigado com o que estava se desenrolando.

Ficou decidido que a nova empresa iria se chamar Medical Manager Corporation. Devo admitir que gostei disso. Lembrei-me de 1981, quando estava terminando o programa e pensei no nome "Medical Manager". Quinze anos depois, o Medical Manager iria se tornar uma empresa de capital aberto. No limiar desse grande evento, eu estava totalmente pasmo ao ver até onde meu experimento de entrega tinha conseguido me levar.

# 44

# Medical Manager
# Corporation – MMGR

Quando a poeira baixou, eu seria o diretor executivo (CEO); John Kang, o presidente; e Rick Karl, o diretor jurídico. A sede da corporação seria estabelecida em Tampa, nas instalações de John Kang, e Rick Karl e eu trabalharíamos nos escritórios em Alachua. A empresa negociaria ações na NASDAQ com a sigla MMGR.

Enquanto nos aproximávamos do final de 1996, o quadro de advogados e banqueiros estava terminando a papelada para a fusão das empresas e, simultaneamente, a IPO. Lembro que aquela foi uma época interessante para mim no que dizia respeito ao meu relacionamento com meu pai. Meu pai tinha sido corretor de valores durante a maior parte da vida e trabalhava na Merrill Lynch havia mais de trinta anos. Seu filho único tinha largado a pós-graduação em administração para viver na floresta e meditar. Jamais saí da floresta, e de repente eu estava no mundo do meu pai. Ele ficava dizendo que simplesmente não conseguia acreditar que a Morgan Stanley, uma das principais casas de corretagem do mundo, estivesse interessada na minha empresa. Além disso, ficou surpreso ao descobrir que o analista de serviços de saúde da Merrill Lynch vinha monitorando de perto nossa transação que aconteceria em breve. Ele ficou muito interessado em saber que a minha empresa ia abrir o capital e nós nos falamos mais durante esse período do que nos vinte anos anteriores. Faz sentido: agora tínhamos algo em comum para conversar.

Fiquei comovido com essa oportunidade de me aproximar do meu pai. Enxerguei isso como apenas mais um milagre da minha entrega ao fluxo da vida. Meu pai morreu pouco tempo depois. Mas você pode ter certeza de que ele gostou de poder compartilhar com o filho tudo que havia aprendido ao longo da vida em relação a se tornar uma empresa de capital aberto, ao setor de atendimento de saúde e a Wall Street em geral.

Apesar da sequência espantosa de acontecimentos que levaram até esse ponto, nada poderia ter me preparado para o que aconteceu em seguida. Cerca de uma semana antes da IPO, recebi do meu advogado em Nova York uma lista de coisas a fazer. Trabalhei na lista, item por item, assinando os documentos necessários e localizando a papelada exigida. O último item deveria ser feito no dia seguinte, por isso corri até o banco para acessar meu cofre. Raramente eu tivera motivo para tocar naquele cofre desde que o havia alugado em 1971 para guardar minha única posse: a escritura dos meus 4 hectares originais.

Assim que fiquei sozinho com o cofre, comecei a procurar o documento que meu advogado pedira. Não havia muita coisa no cofre, mas o que havia teve o efeito de uma máquina do tempo. Encontrei a escritura original da minha propriedade – quanta coisa havia acontecido desde então! Ninguém em sã consciência imaginaria o fluxo de eventos que se desenrolaria desde que decidi abandonar a vida comum e morar na floresta. Minha viagem de volta no tempo foi interrompida quando encontrei o documento que estava procurando. Peguei a folha de papel dobrada em três e a abri. Era o certificado de ações da Personalized Programming que tinha sido mandado para mim quando oficializei a empresa, quinze anos antes. Quando eu coloquei o certificado no cofre, aquilo não valia nada para praticamente ninguém, a não ser para mim. Então a coisa me acertou como uma tonelada de tijolos. Os investidores mais experientes do mundo agora avaliavam aquele pedaço de papel em mais de 100 milhões de dólares.

Minha boca secou e lágrimas brotaram nos meus olhos. Eu tinha aberto mão de tudo e a coisa continuava voltando multiplicada por dez. Quando tinha decidido me desapegar e dedicar a vida a aceitar o que se apresentava à minha frente, eu ganhava menos de 5 mil dólares por ano. Quando a Built with Love surgiu, cresceu de dezenas de milhares até centenas de milhares de dólares em receita. Quando a Personalized Programming surgiu, rapidamente atingiu milhões de dólares e depois mais de 10 milhões em vendas e royalties. Agora eu estava lidando com um ativo de 100 milhões de dólares. Não era o dinheiro que me emocionava; era a mão invisível da vida que me deixava pasmo. Fiquei parado por um instante e ofereci aquele pedaço de papel de volta ao universo, de onde ele tinha vindo. Prometi servir à empresa que eu tinha visto a vida construir, tijolo por tijolo, e usar o dinheiro confiado a mim de modo a ajudar os outros. Respirei fundo, fechei o cofre e me preparei para mandar o certificado de ações para Nova York.

## 45

# Tornando-me CEO

A Medical Manager Corporation nasceu de uma IPO bem-sucedida em 2 de fevereiro de 1997. Aqui, na floresta em Alachua, eu não somente mantive o cargo de presidente do nosso grande centro de P&D, mas também me tornei CEO e presidente do conselho da nova empresa. Eu era completamente ingênuo com relação à quantidade de trabalho que assumiria como CEO. Logo percebi que exigiria todo o foco unidirecional que eu tinha desenvolvido com meus anos de meditação. Eu me entregara, e essa era a tarefa que a vida me dera. Isso a tornava parte da minha jornada espiritual e eu estava totalmente preparado para me dedicar a ela com o máximo da minha capacidade.

A primeira coisa que fiz foi dar os passos necessários para garantir que saberia o que estava acontecendo na empresa. Eu estava em Alachua, e um grupo de executivos de mentalidade independente, acostumados a comandar suas próprias empresas, se espalhava por todo o país. Se eu ia assumir a responsabilidade pela empresa, eu precisava que um fluxo completo de informações passasse pela minha mesa. Isso exigiria teleconferências regulares e uma enorme quantidade de memorandos para acompanhar o que todo mundo estava fazendo. Quando anunciei que cada executivo precisaria entregar um relatório semanal sobre as principais atividades sob sua coordenação, houve um bocado de reclamações. Mas, juntos, tínhamos uma experiência enorme, e eu queria que a mente do grupo tomasse as decisões, e não a mente de apenas uma pessoa.

Mas não demorou até eu perceber que não teria como me manter a par de todos os relatórios semanais e ainda estar bem preparado para as teleconferências com os executivos. Eu precisava de um bocado de ajuda. E, como você já deve ter adivinhado, foi exatamente isso que recebi.

Não vamos chamar de milagre, mas dessa vez a magia da vida apareceu na forma de uma jovem chamada Sabrina. Paul Dobbins a havia conhecido alguns anos antes num dos nossos seminários com representantes, e aparentemente foi amor à primeira vista. Não muito tempo depois, Paul nos informou que Sabrina iria se mudar para cá e que eles iam se casar. Eu não conhecia Sabrina e fiquei preocupado, pensando que Paul esperava que ela se mudasse para uma comunidade espiritual baseada em yoga quando ela nem se interessava por yoga ou meditação. Ele garantiu que ela se adaptaria muito bem e também me informou que eu ficaria muito satisfeito se ela trabalhasse na empresa. Entrega, entrega, entrega – como se eu tivesse escolha...

Por acaso a empresa familiar de Sabrina era uma pequena representante do Medical Manager na Califórnia. Ela estivera vendendo, instalando e dando suporte para o programa de administração de consultórios desde os 13 anos. Apesar de ter apenas 22 quando começou a trabalhar na Personalized Programming e não ter feito faculdade, logo descobri que a análise de negócios em nível executivo era algo completamente natural para ela. Embora não tivesse experiência anterior nesse nível, Sabrina foi a pessoa que procurei para me dar ajuda quando me tornei CEO.

Com Sabrina ao lado, uma das minhas principais responsabilidades como CEO era fazer a empresa crescer. Felizmente aquela não era uma empresa comum; as perspectivas de crescimento para a recém-criada Medical Manager Corporation eram fenomenais. Para começo de conversa, nosso crescimento viria naturalmente à medida que adquiríssemos nossos representantes. Tínhamos quase 200, muitos dos quais seriam aquisições muito boas. Contanto que tivéssemos um fluxo constante de novos representantes se fundindo à empresa, tínhamos uma fonte natural de crescimento.

Mas, para mim, muito mais interessante era o crescimento tremendo que resultaria da capacidade de conectar eletronicamente nosso enorme número de médicos com o restante do setor de saúde, inclusive companhias de seguros, laboratórios e farmácias. Assim que juntássemos o apoio aos nossos consultórios sob um único teto, poderíamos proporcionar um nível de automação para o sistema de saúde que não somente cortaria custos mas também resultaria em maior eficiência e melhor atendimento ao paciente.

Sentei-me com Sabrina e disse a ela que nossa primeira iniciativa corporativa seria implementar cobranças e outras transações de serviço de saúde totalmente eletrônicas para nossos mais de 100 mil médicos. Então informei que ela ficaria encarregada disso. Esse foi o nascimento do que chamamos de Medical Manager Network Services. O sucesso desse empreendimento em tantos níveis foi praticamente incompreensível. Começou como uma visão inspirada e cresceu até uma linha de negócios de 100 milhões de dólares por ano. Num período muito curto nos tornamos líderes do setor em transações eletrônicas.

Nos dois anos seguintes, a empresa cresceu aos saltos. Continuamos adquirindo mais e mais representantes e nossa presença em todo o país significava que podíamos fornecer nossos serviços a clientes cada vez maiores. Eu nunca havia trabalhado tanto na vida. Mas isso não me deixou esgotado. Na verdade teve o efeito oposto. Quanto mais eu abria mão do "Mickey" e simplesmente me comprometia com a tarefa que a vida tinha me dado, mais crescia o fluxo de energia espiritual dentro de mim. Era como se, ao me alinhar com o fluxo externo da vida, o lindo fluxo interno de energia se tornasse naturalmente mais forte. A essa altura, eu já estava totalmente convencido de que o desprendimento constante dos pensamentos e emoções autocentrados era o que bastava para alcançar um profundo crescimento pessoal, profissional e espiritual.

# 46
# A internet e o serviço de saúde

Depois de quase trinta anos eu tinha visto tanta perfeição se desenrolar ao meu redor que nada em mim desejava interferir no fluxo. Eu tinha visto repetidas vezes um aparente problema revelar-se uma força de mudança nos empurrando para a frente. Com certeza foi o que ocorreu no fim de 1998, quando nossas teleconferências para discutir estratégia executiva começaram a se concentrar em como a internet afetaria nosso negócio. Estávamos preocupados porque logo nossos concorrentes teriam acesso barato a todos os médicos em todo o país, sem necessidade de criar uma rede de representantes. John Kang e eu sabíamos muito bem que duas empresas de serviços de saúde pela internet, a Healtheon e a WebMD, já estavam fazendo cada vez mais contato com nossos médicos. Sabíamos que precisávamos fazer alguma coisa se quiséssemos nos manter competitivos no mundo futuro da conectividade pela internet.

Mais ou menos nessa época, John Kang foi apresentado a uma empresa chamada Synetic, em Nova Jersey, que estava no processo de desenvolver um portal de serviços de saúde muito avançado na internet. A Synetic possuía uma das melhores equipes de administração do setor e parecia que nenhuma das outras startups tinha chance contra ela.

Os executivos da Synetic estavam muito interessados numa fusão com a Medical Manager Corporation. Seu sonho era passar todas as transações do setor de saúde pelo seu portal na internet.

Quando olharam para nós, viram mais de 100 mil médicos já conectados eletronicamente para uma ampla gama de serviços. Se eles cuidassem das transações de todos os nossos médicos, todo mundo no setor quereria fazer negócios com eles. A Synetic estava em posição de alavancar o ativo que tínhamos construído e levá-lo a um nível totalmente novo.

Em maio de 1999, John Kang marcou uma reunião para eu conhecer o presidente da Synetic, Marty Wygod. Marty e eu morávamos em lados opostos do país, por isso ele sugeriu que nos encontrássemos num aeroporto particular, em Midway – um nome adequado, que quer dizer "metade do caminho" –, no Texas. Na verdade, Midway ficava quase exatamente na metade do caminho entre a Califórnia e a Flórida. Aluguei um jato particular e fui sozinho.

Estar sentado sozinho num jato particular de seis lugares, a 40 mil pés, é muito tranquilo. Entrei em meditação e minha mente ficou muito calma. Quando abri os olhos, assimilei a tremenda diferença no ambiente, com relação à primeira vez que tinha decidido desapegar e ver aonde a vida me levaria. Eu ainda morava na mesma floresta e mantinha as mesmas práticas da manhã e da noite, mas de algum modo todo o restante havia mudado radicalmente. Refleti sobre quantas vezes a vida tinha me apresentado mudanças com as quais eu me sentia desconfortável. No início tinha sido difícil ignorar a mente resistente. Com o tempo, à medida que via as consequências de assumir o risco de abrir mão de mim mesmo, o processo foi se tornando muito mais natural. Eu estava cercado pelos resultados desse desprendimento. Na minha vida, não havia nada para o que eu pudesse apontar que não tivesse vindo da entrega ao fluxo da vida. Esse processo tinha sido uma lição tão grande de humildade que nada em mim desejava resistir nunca mais. Eu estava profundamente apaixonado pelo entusiasmo e pela maravilha de experimentar o que viria em seguida. Era com essa mentalidade que estava indo para o Texas me encontrar com o presidente da Synetic.

Para mim, essa proposta de fusão era simplesmente o que ia acontecer em seguida. Eu não precisava pensar nela; já sabia que nada dentro de mim queria fundir a empresa com a Synetic ou com qualquer outra. Eu adorava o que estava fazendo. Tinha dentro de mim uma visão ardendo, que havia me impulsionado ao longo de vinte anos. Tudo teve início quando comecei a escrever o código desse programa incrível e jamais diminuiu, nem por um único instante. Essa visão me inspirava dia e noite. Eu não queria comer, não queria dormir. Era impelido a aperfeiçoar o programa, sua distribuição e o suporte aos médicos que tinham confiado seus consultórios a nós. Sentia que a vida tinha me dado essa tarefa e estava honrado em fazê-la. Não tinha perdido nem uma gota do meu foco inicial nem do meu desejo de explorar os estados interiores mais profundos. Essa entrega à vida *era* o meu caminho para a realização pessoal, e não havia dúvida de que estava funcionando. Eu não estava vivendo com base no que queria ou não queria. Esse tipo de pensamento tinha parado de passar pela minha mente muito tempo antes. Estava ocupado demais tentando fazer o trabalho que a vida tinha me dado. Isso era Karma Yoga no mais alto nível. Eu havia entregado minha vida ao Fluxo Universal, e ele não somente tinha aceitado: tinha me devorado nesse processo. Eu não me importava nem um pouco com o que me acontecesse. Só me importava com a empresa, os funcionários, os médicos e, acima de tudo, com a visão de perfeição que impelia as próprias batidas do meu coração.

Por mais belo que isso pareça, me peguei num jato indo para um aeroporto minúsculo em algum lugar no meio do Texas conhecer um total estranho e discutir as providências necessárias para colocar a empresa sob o controle dele. Resumindo, era isso. Os acontecimentos mostravam que o maior potencial para a empresa estava além do que poderíamos fornecer sozinhos. Minhas discussões com John Kang sobre o acordo proposto tinham me mostrado como Marty era esperto. O controle era sem dúvida meu maior problema.

Eu queria estar em condições de manter o sonho vivo e proteger a empresa de sofrer abusos em nome do puro ganho financeiro. Marty havia concordado em colocar John, eu e alguns outros membros do conselho da Medical Manager Corporation no conselho de administração da empresa combinada. Além disso, concordou que eu fosse copresidente do conselho, e John e eu seríamos co-CEOs. Como um incentivo a mais, a nova empresa combinada manteria o nosso nome, Medical Manager Corporation.

Apesar de ser novato em fusões de empresas de capital aberto, eu era astuto o suficiente para saber o que realmente significava nos conceder esses cargos de alto nível. Significava que Marty confiava tanto em sua posição de autoridade que não se sentia nem um pouco ameaçado ao ceder todo esse poder para pessoas com quem ele não tinha história prévia. De qualquer modo que você analisasse, se o negócio fosse em frente, Marty seria o meu chefe. Isso era mais interessante ainda, já que eu nunca tinha tido um chefe e estava com 52 anos. Tinha pesquisado tudo que podia sobre Marty. Ele era um empreendedor bilionário cujo passatempo era criar cavalos de corrida puro-sangue. Tinha crescido em Wall Street comprando e vendendo empresas e também havia criado organizações muito bem-sucedidas a partir do zero, inclusive a Medco, que ele tinha vendido para a farmacêutica Merck por 6 bilhões de dólares. Mais importante, ele era tremendamente respeitado nos altos escalões dos negócios. Mais de um artigo a seu respeito usava livremente a palavra "gênio".

Marty havia feito uma oferta de 1,3 bilhão pela Medical Manager Corporation. Nosso conselho administrativo estava inclinado a favor do acordo. Eu tinha quase certeza de que todos os vetores fluíam nessa direção – motivo pelo qual estava indo para esse encontro. O que não sabia era como seria a vida naquele ambiente corporativo maior. Percebi que jamais poderia saber antecipadamente e estava pronto para me entregar mais uma vez ao fluxo da vida. A partir de um ponto de vista pessoal, eu estava muito mais interessado em ver como Marty se sairia comigo do que como eu me sairia com ele. Eu era um iogue de rabo de cavalo que não usava terno e Marty certamente era um empresário mais tradicional. Será que a coisa iria funcionar?

Marty veio no seu jato, com uma pessoa da sua área de desenvolvimento de negócios. A reunião durou apenas algumas horas e tudo correu bem, como seria de esperar naquelas circunstâncias. Cada um de nós já havia passado tempo suficiente analisando a proposta de fusão, de modo que, quando nos encontramos, as sinergias estavam bastante claras. Achei Marty muito pé no chão e acessível. Ele era profissional, e eu realmente gostei disso. Fiz questão de discutir (ou, mais exatamente, revelar) a existência do Templo e meu compromisso com a meditação e meu estilo de vida alternativo. Sabia que não iria abrir mão de nada disso, portanto pareceu adequado alertar em que ele estava se metendo. Era óbvio que Marty não se incomodava com coisas pequenas. Era uma pessoa voltada para o quadro geral e só se importava com o desenvolvimento corporativo. Não poderia se importar menos com meu estilo de vida pessoal, mas prestou muita atenção quando discuti quanto eu trabalhava duro todo dia. Disse que sua esposa fazia yoga, e achei que, sendo da Califórnia, ele devia ter conhecido muita gente como eu. Quando Marty e eu apertamos as mãos e nos separamos, eu nunca poderia saber quanto acabaria aprendendo com aquele homem, tanto pessoal quanto profissionalmente.

# 47
# Fusão – mas não com o universo

No correr dos anos eu tinha passado a ver que realmente não fazia ideia de onde a vida iria me colocar. E, na verdade, isso nem era da minha conta. Meu trabalho era simplesmente continuar me entregando e servindo ao que era posto diante de mim. Foi assim no dia em que me peguei presidindo uma reunião do conselho de administração da Medical Manager Corporation convocada especificamente para discutir a fusão proposta com a Synetic.

A Medical Manager tinha um conselho muito ativo, e muitos dos seus membros tinham uma tremenda experiência nos negócios, inclusive um ex-tesoureiro da General Motors. O conselho estava avaliando seriamente nossas várias opções. Tínhamos faturado 140 milhões de dólares em negócios no ano anterior, comparados com os 70 milhões da Synetic. Mas o tremendo potencial do seu portal na internet havia empurrado seu valor de mercado para muito além do nosso e tornava a empresa um parceiro atraente. No final, o conselho decidiu por unanimidade aceitar a oferta da Synetic, de 1,3 bilhão de dólares pela empresa.

Eu, claro, nunca tinha me envolvido numa fusão bilionária. Mas tivemos ótimas consultorias externas e uma boa equipe de banqueiros para nos ajudar. Coloquei Sabrina trabalhando ao meu lado nesse projeto enorme. Marty tinha providenciado que a fusão ocorresse rapidamente, e todos os detalhes precisavam ser pensados em poucas semanas. Trabalhamos dia e noite para que o contrato final fosse apresentado aos dois conselhos, e a fusão foi anunciada publicamente em 17 de maio de 1999.

A fusão entre a Medical Manager Corporation e a Synetic criou uma tremenda agitação. Foi a principal matéria de economia na CNN naquela noite, e no dia seguinte foi destaque no *The Wall Street Journal*. A nova empresa mantinha o nome Medical Manager Corporation, e John Kang e eu éramos co-CEOs e fazíamos parte do conselho, tendo Marty como presidente. Apesar de eu ainda morar no Templo do Universo e simplesmente atravessar a rua de carro para ir ao trabalho, meu mundo havia se expandido num instante. Agora minhas responsabilidades se estendiam para além da administração prática do negócio e incluíam todas as áreas em que a equipe de Marty viera trabalhando. Na verdade, essa era a parte mais emocionante da fusão. Agora eu tinha toda uma equipe de executivos de nível mundial com quem trabalhar. Marty se cercava dos melhores dos melhores, e era realmente uma honra trabalhar com aquelas pessoas.

Por acaso os maiores concorrentes da Synetic eram nossos velhos amigos, a WebMD e a Healtheon, que a essa altura tinham se fundido. Sua empresa combinada representava uma concorrência séria para nosso portal de serviços de saúde na internet. Era uma questão de tempo: será que haveria tempo suficiente para desenvolvermos nossa oferta de internet altamente sofisticada antes que a Healtheon/WebMD atraísse uma quantidade muito grande do capital disponível?

A resposta chegou em 25 de janeiro de 2000, apenas seis meses depois da nossa fusão com a Synetic. Acordamos com a notícia de que a Healtheon/WebMD tinha conseguido adquirir a Envoy, a maior câmara de compensação de sinistros do setor, por 2,5 bilhões de dólares. Era uma tremenda aquisição, considerando que a Healtheon/WebMD era uma startup de internet que divulgava perdas enormes e a Envoy era uma companhia altamente lucrativa para transações de serviços de saúde. Ficou claro que não poderíamos manter uma posição competitiva diante desse acordo. Pelo ponto de vista da Medical Manager, o acordo significava que agora nosso concorrente era dono da empresa de compensação através da qual canalizávamos centenas de milhões de cobranças dos nossos clientes todo ano. Houve ocasiões em que eu me senti muito feliz por não estar mais no comando – o fim de janeiro de 2000 foi definitivamente uma delas.

## 48
# Construindo Roma em um dia

Na reunião seguinte do conselho, Marty estava calmo e contido. Na verdade, parecia até ainda mais afiado do que o normal. Por acaso ele era tão habilidoso ao enfrentar situações em que estava por baixo quanto ao aproveitar as oportunidades positivas. Ele examinou as opções com o conselho e ficou decidido que era melhor tentarmos negociar um acordo de fusão decente com a Healtheon/WebMD. Era um caso clássico de "se não puder vencê-los, junte-se a eles". O problema era que tínhamos plena consciência de que as bases da Healtheon/WebMD eram muito fracas. A empresa tinha sido criada com base apenas na visão de um desempenho futuro, no entanto o mercado a avaliava em 7 bilhões de dólares. Infelizmente, nossa estrada para o sucesso mais promissora implicava nos fundirmos com ela e fazermos o trabalho necessário para tornar tudo aquilo uma realidade.

Por mais incrível que pareça, a Medical Manager Corporation e a Healtheon/WebMD anunciaram seu acordo de fusão apenas três semanas depois de sabermos do acordo com a Envoy. Foi no Dia de São Valentim, 14 de fevereiro de 2000. O acordo avaliava a Medical Manager Corporation em 3,5 bilhões, e Wall Street o caracterizou como a fusão de dois gigantes do setor de serviços de saúde. Isso gerou manchetes em todos os lugares. O anúncio elevou o preço das ações da Medical Manager a um pico de 86 dólares por ação – em comparação com os 17,60 dólares por ação quando abrimos o capital, três anos antes.

A alegria teve vida curta. A infame bolha da internet, provocada por expectativas exageradamente infladas em relação às empresas "ponto com", começou a estourar apenas algumas semanas depois do anúncio da fusão. Nem tínhamos fechado o acordo ainda, mas em abril de 2000 a Healtheon/WebMD já havia perdido 70% de seu valor. O preço da nossa ação também despencou porque estava atrelado ao da ação dela por causa do acordo de fusão. Foi praticamente um desastre, e a única esperança que restava era fazer o trabalho duro necessário para reestruturar toda a empresa.

A tarefa era hercúlea. A WebMD era uma empresa da internet por excelência, e a bolha tinha acabado de estourar. Sua ação já havia sido negociada por mais de 100 dólares. Quando fechamos o acordo, ela valia 17,50 dólares, a caminho dos 3 dólares que atingiria em agosto de 2001. Isso exigia medidas drásticas, e foi o que aconteceu.

Faltando um mês para o fechamento do acordo, Marty se tornou presidente do conselho, e ele e sua equipe administrativa de elite estavam comandando a empresa. Eu continuei como CEO da Divisão de Serviços de Prática Médica e participava do conselho da empresa combinada, que manteve o nome de WebMD. Marty trouxe um experiente especialista em recuperações empresariais, Marv Rich, para ser presidente durante a enorme reestruturação. A empresa estava perdendo centenas de milhões de dólares por ano e a sangria precisava ser interrompida. O trabalho de Marv era abrir caminho por todas as divisões e reduzi-las, deixando intocada apenas sua competência central. Só seria mantido o que se alinhasse com a visão central da WebMD e pudesse rapidamente começar a andar com as próprias pernas.

A tarefa era de tirar o fôlego, e representou um crescimento tremendo para mim, pessoalmente. Agora eu me via como parte de uma equipe de executivos que, em vez de reclamar, arregaçou as mangas e colocou mãos à obra nesse projeto monumental.

Todo mundo trabalhava dia e noite fazendo o que fosse necessário para salvar o navio que estava afundando. Durante anos eu trabalhara diligentemente para me libertar daquela pessoa fraca dentro de mim que sempre insistia que as coisas fossem feitas do seu jeito. Agora nada acontecia como alguém poderia desejar. Mas todo mundo respirava fundo, coletivamente, e fazia tudo que fosse necessário. Era uma coisa espantosa e me ensinou uma lição sobre força interior que me mudou de modo permanente, num nível muito profundo.

Um dia Marv me chamou e pediu que eu o acompanhasse à Califórnia, onde o site da WebMD estava sendo desenvolvido. Se a empresa com a qual tínhamos nos fundido possuía um ativo principal, era esse. Marv queria que eu atuasse como especialista em desenvolvimento nas reuniões com a equipe de desenvolvimento do site. A maior parte das perdas da empresa estava sendo gerada por suas ofertas na internet, e isso precisava ser resolvido. O problema era que, apesar das perdas, a equipe de desenvolvimento fazia enormes demandas por salários e benefícios à nova administração da WebMD. Eles deduziram que estavam numa posição de força porque controlavam o desenvolvimento de tudo que a empresa colocava na internet.

Não pude acreditar no que vi quando cheguei. Mais de 800 desenvolvedores trabalhavam num gigantesco armazém reformado, no Vale do Silício. Havia fileiras e fileiras de cubículos minúsculos, até onde a vista podia alcançar. Eu achava que minha equipe de desenvolvimento em Alachua tinha se expandido imensamente. Éramos cerca de 250 pessoas. Mas essa equipe de desenvolvimento tinha o triplo do tamanho, e todo mundo estava apinhado feito sardinha em lata.

Infelizmente as reuniões não duraram muito. Marv e eu nos sentamos com os membros da equipe administrativa e ouvimos as exigências. Eles tinham as demandas muito bem impressas com grandes detalhes em muitas páginas. Quando terminaram,

Marv apresentou o que estava disposto a oferecer, que cabia numa página curta. Os chefes do desenvolvimento se reuniram a sós. Depois de um curto período de tempo, voltaram com a resposta: aceitem nossas exigências ou vamos embora.

Eu tinha muito a aprender com pessoas como Marty e Marv, e estava completamente aberto ao processo. Teria imaginado que o próximo passo seria descobrir as pessoas sem as quais não poderíamos viver e aguentar as consequências. Não foi isso que aconteceu. Marv passou alguns minutos relaxando em silêncio, levantou-se de sua cadeira e sinalizou para que eu caminhasse com ele. Ele saiu da sala de reunião e chamou toda a equipe de desenvolvimento imediatamente, na área aberta entre os cubículos. Explicou que a alta administração deles tinha acabado de se demitir e que quem quisesse ir embora também deveria tomar a decisão naquele momento. Disse que quem desejasse ficar não teria emprego garantido, mas que nas próximas semanas trabalharíamos juntos para ver quem era necessário para manter o desenvolvimento central. E foi isso. Marv deixou algumas pessoas suas encarregadas de cuidar do êxodo e fomos embora.

A única coisa que Marv me disse sobre tudo aquilo foi que, se você deixar que outras pessoas o façam de refém, elas vão obrigá-lo a tomar decisões terríveis e você acabará perdendo. É melhor receber as pancadas de frente e pelo menos estar no controle do próprio destino. Quem diria que apenas alguns meses mais tarde um dos altos executivos de Marty transferiria todo o desenvolvimento do site para Nova York e iria relançá-lo com uma equipe de menos de quarenta desenvolvedores? Esse novo site se tornou a base para todo o futuro da WebMD.

De novo e de novo eu via que cada uma dessas experiências empresariais desafiadoras era muito benéfica para o meu crescimento espiritual. Eu simplesmente continuava abrindo mão de qualquer desconforto que surgisse dentro de mim. E, inevitavelmente, um fluxo mais forte de energia espiritual ocupava o lugar dele. Essa força crescente me ajudou a me preparar para a experiência seguinte de crescimento – e isso aconteceu quando a equipe de reestruturação de Marv finalmente decidiu mirar na minha divisão.

A Divisão de Serviços de Prática Médica da Medical Manager, como éramos conhecidos na época, era uma das maiores da WebMD. Tínhamos crescido até quase 2 mil empregados, e isso nos tornava ideais para os cortes de custos. Tendo isso em mente, Marv levou a equipe de reestruturação para Alachua, para dois dias de reuniões. O primeiro dia foi dedicado a apresentar nosso plano de negócios e nossa visão de futuro. Felizmente estávamos muito bem preparados para apresentar nossos produtos atuais a Marv, com sua geração de receitas altamente bem-sucedida, além dos produtos e serviços em que estávamos trabalhando para o futuro. Certamente não atrapalhou quando Sabrina pôde apresentar o crescimento tremendo da Medical Manager Network Services, indo de poucas centenas de milhares de dólares por ano para um negócio de 50 milhões de dólares por ano em apenas três anos.

Foi durante essas apresentações que realmente percebi o que havia acontecido. John Kang e eu tínhamos decidido garantir que a Medical Manager não fosse deixada para trás pelo enorme potencial de empresas da internet, como a Healtheon e a WebMD. Ao mesmo tempo, Sabrina e eu vínhamos lutando para descobrir um modo de conseguir que a Envoy, ou alguma outra câmara de compensação, evoluísse a ponto de poder realizar nossa visão para a Network Services. Apesar de todas as questões negativas que estávamos enfrentando, a incrível realidade foi que, quando a poeira baixou, acabamos sendo donos de todas aquelas três empresas: WebMD, Healtheon e Envoy. Pouco tempo antes, ninguém poderia imaginar como algo assim poderia acontecer. Era como muitas outras coisas pelas quais eu havia passado; o inimaginável havia acontecido.

As apresentações para Marv e sua equipe correram bem. Havia um entusiasmo evidente na sala durante todo o dia. Mesmo assim, quando voltei mais tarde naquela noite, fiquei chocado com o que havia acontecido na sala de reuniões. As paredes estavam cobertas com folhas contendo os nomes de todos os 2 mil empregados da Divisão de Serviços de Prática Médica da Medical Manager. Pendurados como um papel de parede, eles prenunciavam o que viria no dia seguinte. Fiquei pasmo, especialmente porque recentemente havíamos contratado mais empregados para manter o crescimento.

Ao voltar para casa naquela noite fiquei muito preocupado com o destino dos meus funcionários. O dia seguinte poderia ser muito feio. Ao mesmo tempo eu sabia que Marv precisava cortar custos, e meu trabalho como executivo era ajudá-lo. Isso poderia ter criado um bocado de tensão interior, mas decidi simplesmente me entregar à realidade da situação e estar aberto para equilibrar essas duas áreas de preocupação. Naquela noite fiquei em paz sabendo que meu coração estava no lugar certo, e quando chegasse o dia seguinte eu faria o melhor que pudesse.

Na manhã seguinte, quando entrei na sala, fiquei chocado mais uma vez com o que vi. Os papéis tinham sido retirados e as paredes tinham voltado ao normal. Antes que eu pudesse perguntar o que estava acontecendo, o assessor direto de Marv me puxou para o corredor. Disse que ele e Marv tinham se reunido na noite anterior e decidido não fazer a "sangria" e permitir que continuássemos com o bom trabalho que vínhamos realizando. Que eles estavam muito impressionados com o que tínhamos conseguido e com nossos planos para o futuro. Como não viam necessidade de um segundo dia de reuniões, Marv tinha pegado um voo cedo. Sua equipe fez as malas, nos cumprimentou e foi embora. Até hoje não tenho ideia se alguém da minha equipe de administração teve a visão agourenta daquelas paredes cobertas de papéis.

Percebi como aqueles acontecimentos eram extraordinários quando, algumas horas mais tarde, recebi um telefonema do chefe de RH da sede da corporação em Nova York. Ele estava completamente fora de si. Perguntou brincando que droga eu tinha dado a Marv enquanto ele estava aqui em Alachua. E disse nunca ter visto algo assim nos anais da história corporativa. Todos sabíamos muito bem que o propósito de vida de Marv era cortar custos. Que ele viera para cá com essa intenção. E o fato de ter simplesmente ido embora é um tributo à qualidade da nossa divisão e a Marv como administrador. A Medical Manager e eu recebemos várias homenagens em 2000, mas nenhuma foi mais significativa para mim do que receber aquele voto de confiança por parte de alguém que eu respeitava tanto.

# 49

# Dando um pulo em Washington

O ano 2000 trouxe não apenas um novo milênio, mas também um bocado de reconhecimento pelo auge do sucesso alcançado pela Medical Manager. Para mim, que só estava no tapete mágico para curtir a viagem, tudo era apenas um tributo à perfeição do fluxo da vida. Eu não tinha buscado nenhum reconhecimento; apenas tinha me lançado no vento da vida para ver aonde ele me levaria.

Fui convidado por um dos nossos antigos membros do conselho, Ray Kurzweil, para acompanhá-lo à Casa Branca em março, onde ele receberia a Medalha Nacional de Honra em Tecnologia. Ray foi responsável por muitas grandes invenções, inclusive do primeiro microchip que permitiu que um teclado eletrônico soasse como um piano de cauda e outros instrumentos verdadeiros. Além disso, é considerado um dos pais dos programas de reconhecimento de fala. Ray estivera no conselho da Medical Manager Corporation e eu tinha feito parte do conselho da Kurzweil Education System. Durante todo esse tempo nos tornamos bons amigos. Ele até se hospedou conosco no Templo algumas vezes e demonstrou um sério interesse pela filosofia oriental. Eu precisaria vestir um smoking para ir à Casa Branca, uma roupa muito diferente da que usava normalmente, mas estava entusiasmado para acompanhar Ray nessa homenagem.

Como muitas outras pessoas, eu tinha estado na Casa Branca como turista, mas certamente não como convidado do presidente.

Houve um coquetel depois da cerimônia e tivemos permissão de andar livremente pelos cômodos da residência no primeiro andar. Olhei por uma janela do Salão Verde, que dava para o Monumento a Washington, e pensei em quantos presidentes teriam visto aquela paisagem. Era difícil me acostumar a me sentar na mobília antiga daqueles cômodos, mas então comecei a perceber que as pessoas com quem eu conversava eram todas ganhadoras da Medalha Nacional de Honra em alguma área da ciência. O presidente Clinton se juntou ao grupo, e eu até esbarrei com Stevie Wonder no corredor. No todo, foi um daqueles momentos do tipo: "O que estou fazendo aqui?" Sou um iogue que se mudou para a floresta para meditar. Me entreguei ao fluxo da vida e vim parar aqui. Inacreditável.

Não foi minha única viagem a Washington naquele ano. No mês seguinte, voltei para representar a Medical Manager quando o programa foi instalado nos arquivos do Smithsonian Institution, que estava patrocinando um esforço para documentar a Revolução na Tecnologia da Informação para as gerações futuras. Assim como agora olhamos para a Revolução Industrial, algum dia as pessoas ficarão fascinadas com o período em que os computadores revolucionaram nosso modo de viver. Todos os anos, um painel composto por CEOs das principais empresas de TI do mundo fazia uma busca por organizações que tivessem realizado um trabalho extraordinário nesse campo. Devido ao nosso trabalho na área de transações eletrônicas para serviços de saúde, a Medical Manager foi uma das empresas selecionadas no ano 2000 para ter sua história preservada numa cápsula do tempo para o futuro. Na noite anterior houve um grande banquete e, no dia seguinte, uma cerimônia no museu. Levei alguns funcionários antigos, além de Donna e Durga. Vinte anos antes, quando eu estava sentado naquela sala de 4 por 4 metros na floresta, escrevendo sozinho esse programa, ninguém imaginaria que isso me levaria ao Smithsonian.

Eu ainda precisaria voltar a Washington de novo em agosto de 2000, numa viagem muito importante. Tinham pedido que eu representasse a empresa numa reunião com o Departamento de Justiça (DOJ). Antes que grandes empresas possam se combinar, o governo dos Estados Unidos se reserva o direito de determinar se a fusão prejudicará a livre concorrência e violará leis antitruste. No caso da fusão entre a Healtheon/WebMD e a Medical Manager, o governo requisitou informações muito detalhadas e uma reunião cara a cara. O motivo era que a Medical Manager Network Services estava mandando tantas cobranças para a Envoy que o governo ficou preocupado, em dúvida se deveria permitir que nos tornássemos parte da mesma empresa. Minha reação imediata a essa situação foi de profunda humildade. Será que a Medical Manager tinha alcançado o sucesso a ponto de o governo dos Estados Unidos se preocupar com aquelas mesmas leis antitruste que eu tinha estudado na faculdade de administração? Não, de fato não, mas precisaríamos convencê-lo disso.

Sabrina e eu fomos a Washington nos preparar para a reunião no Departamento de Justiça. Foi mais ou menos nessa época que comecei a perceber que minha vida estava começando a ficar cada vez mais cercada de advogados. Fizemos uma reunião de estratégia numa das maiores firmas de advocacia em Washington. Havia advogados em toda parte, mas um deles sempre se destacava. Jim Mercer era o especialista em direito contencioso de Marty e conhecia as leis e os negócios num nível fenomenal. Eu tinha aprendido a sentir grande respeito e confiança por Jim, e fiquei feliz em saber que ele estaria presente na reunião no DOJ.

Eu, claro, nunca havia lidado com o Departamento de Justiça. Não era exatamente minha experiência cotidiana entrar no prédio do DOJ cercado por uma grande equipe de advogados. Mesmo assim, depois de horas de interrogatório muito intenso, Sabrina e eu conseguimos responder de modo satisfatório às preocupações do governo. No fim das contas a fusão não representaria nenhum problema antitruste. Apesar de nos sentirmos muito aliviados depois que tudo chegou ao fim, na verdade essa havia sido uma tremenda experiência de aprendizado.

Todo esse contato com pessoas e situações muito poderosas tinha um efeito profundo na psique que eu observava com tanta atenção. Eu jamais havia sido exposto a esse estilo de vida. Nada em mim gostava daquilo nem queria ter nada a ver com aquilo, mas isso fez com que eu lidasse com partes do meu ser que, de outro modo, não teria encarado. Se via surgir alguma fraqueza, algum medo ou ansiedade, apenas relaxava profundamente, voltando ao meu lugar de observação, e continuava abrindo mão de qualquer coisa que surgisse. Era para ali que a vida tinha me levado, e eu usava todas essas situações como um modo de abrir mão de mim mesmo. Isso com certeza estava funcionando. Eu continuava sendo empurrado para situações intensamente positivas e negativas, e cada vez mais me pegava num estado muito claro e imperturbável. Parecia que, quanto mais desafios a vida me apresentava, menos meu fluxo de energia interior era afetado pelas condições externas. As situações e os desafios da vida me libertavam das coisas das quais anos de meditação voluntária não tinham me livrado. Desde que mantivesse o objetivo único de me livrar de mim mesmo, toda situação era uma experiência frutífera. Se eu tivesse algum outro objetivo, acho que a pressão constante seria esmagadora. Descobri que, na verdade, eu ficava mais em paz por dentro à medida que lidava com a magnitude cada vez maior dos desafios. A vida estava me moldando pouco a pouco para me tornar quem eu precisava ser, para enfrentar as tarefas do amanhã. Eu só precisava abrir mão e não resistir ao processo.

Durante os anos seguintes, minha Divisão de Serviços de Prática Médica da Medical Manager continuou a crescer até o auge do sucesso financeiro. Crescemos até mais de 2.300 funcionários e gerávamos mais de 300 milhões de dólares de receita anual.

Éramos o vendedor de software de administração de consultórios com instalação mais ampla no país e tínhamos começado a voltar a atenção para criar um registro de saúde eletrônico totalmente computadorizado. Foi um período de desafios tremendos que estava me fazendo passar por um crescimento sem precedentes. Mal sabia que o portal de mudanças radicais da vida se abriria de novo. E, quando isso acontecesse dessa vez, redefiniria totalmente o que significava passar por uma experiência de crescimento transformadora.

# PARTE IX

# Entrega incondicional

## 50

# A batida policial

Era quarta-feira, 3 de setembro de 2003. Lembro bem porque nas quartas-feiras costumo ir a Gainesville de manhã me consultar com o Dr. Chance. Depois da consulta, notei que tinha uma mensagem de áudio de Lisa Elliot, advogada residente do departamento de P&D em Alachua. Ela disse que era muito importante, por isso telefonei de volta ainda do estacionamento. Consegui falar com Lisa pelo celular e ela ficou feliz com a ligação. Sua voz tinha uma tensão pouco característica e percebi que havia algo muito errado. Ela começou dizendo que eu precisava ir imediatamente para o trabalho porque havia um pessoal do FBI lá e eles queriam falar comigo. Meu primeiro pensamento foi sobre um policial federal que tinha ido à empresa alguns anos antes procurando um ex-funcionário. Perguntei a Lisa se eles estavam procurando alguém. Ela disse: "Não, o FBI está aqui, algo entre 12 e 15 agentes, mais um pessoal do departamento do xerife. Eles ocuparam todas as instalações. Desconectaram todas as linhas telefônicas e todo o sistema de computadores. É uma batida policial. Tem helicópteros voando lá em cima, os agentes estão armados e há um mandado de busca. Você precisa vir imediatamente!"

Ouvi claramente as palavras que ela dizia e entendi o senso de urgência com que eram ditas – mas a situação era tão absurda que eu não conseguia me identificar com ela de modo nenhum. Eu pensava que talvez eles estivessem no endereço errado ou algo assim. Acho que foi por isso que a coisa não me perturbou. Na verdade me pareceu até emocionante poder mostrar que eles tinham cometido um engano. Perguntei a Lisa o que estava acontecendo. Por que eles estavam lá? Ela disse que não fazia ideia, mas pelo jeito a mesma coisa estava acontecendo nos nossos escritórios em Tampa e na sede da corporação em Nova Jersey. Ela tentara ligar para Charlie Mele, nosso diretor jurídico, mas não conseguira falar com ele. Os telefones estavam desligados em toda a corporação. Garanti a ela que estava a caminho.

Durante os vinte minutos que demorei para voltar à empresa, tentei telefonar para todo mundo em que pude pensar e que talvez tivesse alguma informação. Ainda não fazia absolutamente nenhuma ideia do que estava acontecendo quando estacionei diante das instalações de P&D. O caminho estava bloqueado com carros do departamento do xerife e os funcionários que chegavam para trabalhar estavam sendo mandados embora. Fui até um policial e me identifiquei. Ele fez uma chamada pelo rádio e sinalizou para os outros me deixarem passar. Enquanto eu dirigia pelo caminho longo e sinuoso em meio aos lindos campos de feno, havia veículos policiais espalhados por toda parte. Quando me aproximei do Prédio 1, vi o Centro de Comando Móvel do departamento do xerife montado no nosso estacionamento. Na época tínhamos cinco prédios, e havia pessoas do FBI e do departamento do xerife posicionadas em volta de todos eles. Havia de fato dois helicópteros circulando lá em cima. Acho que eles acabaram fazendo parte da cobertura da mídia.

Parei na minha vaga normal e entrei no prédio. O lugar estava apinhado de policiais. Fui recebido por quatro ou cinco agentes que me levaram imediatamente para a sala de reuniões nos fundos, onde eu passaria o dia. Solicitei a presença da nossa advogada, Lisa, e ela foi levada para a sala. Os agentes se identificaram como sendo do FBI e do Departamento do Tesouro. Eram muito profissionais e eficientes. Mostraram um mandado de busca, que

Lisa já havia examinado, e fui informado de que o mandado lhes dava controle total das instalações. Eles tinham o direito de pegar qualquer item que fizesse parte das categorias listadas. Pediram que eu assinasse um papel reconhecendo que tinha recebido o mandado. Olhei para Lisa e ela gesticulou, sinalizando que eu deveria assinar. Eu não fazia absolutamente nenhuma ideia de como agir; era como um peixe fora d'água. A única referência que eu tinha para algo parecido eram filmes de cinema, e achava difícil isso servir de alguma coisa.

Perguntei aos agentes encarregados se poderiam me ajudar a entender o que estava acontecendo. Eles não disseram muita coisa, mas me mostraram uma lista de cerca de trinta nomes que, segundo eles, eram de pessoas essenciais para a investigação. Toda a equipe executiva da Medical Manager Corporation original estava na lista, além de Marty, o contador Jim Mercer e algumas pessoas da chefia da contabilidade corporativa da WebMD. Meu queixo deve ter caído quando olhei a lista. Mas também havia alguns outros nomes que realmente me deixaram perplexo, como o auditor sênior da firma de contabilidade tremendamente respeitada que tínhamos usado para a Medical Manager Corporation. Eu estava assimilando a situação com muita calma, mas minha mente girava, tentando encontrar pistas do que estaria por trás de tudo aquilo.

Na verdade, foi a presença de um nome na lista que atraiu minha atenção. O nome era Pat Sedlacek. Ao contrário de todas as outras pessoas da lista, essa pessoa não fazia parte da nossa equipe executiva, do jurídico ou da contabilidade. Pat trabalhava na equipe de aquisição de representantes, comandada por Bobby Davids, nosso vice-presidente de aquisições. Bobby tinha entrado para a empresa na época da primeira oferta pública de ações, em 1997, junto com John Sessions, diretor de operações, e David Ward, vice-presidente de vendas. Eu não reconheceria o nome de Pat no meio dos 2 mil empregados da nossa divisão, só que no momento estávamos no processo de investigá-lo por receber propina de alguns representantes. Essa investigação tinha começado no final de 2002, e no início de 2003 havia incluído Bobby Davids e alguns outros empregados. Os advogados corporativos da WebMD, com a ajuda de outros de fora, estavam cuidando do assunto. Já tínhamos demitido as pessoas envolvidas e as processado num tribunal em Tampa para obter poder de intimação e congelar os bens de Bobby e Pat.

À medida que nossa investigação prosseguia, fomos descobrindo mais e mais incidentes em que Bobby e/ou Pat receberam propina dos representantes que eles estavam adquirindo. As investigações de suas transações bancárias tinham revelado uma intricada rede de empresas de fachada que Bobby usara para esconder o dinheiro. Os investigadores puderam rastrear os valores que entravam e saíam dessas contas para ver quem estava envolvido na trilha de dinheiro. Pat já havia começado a cooperar, e era óbvio que Bobby Davids era o chefe da quadrilha. Na época da invasão do FBI, tínhamos rastreado milhões de dólares, e a investigação ainda continuava. Com os nomes de Pat e Bobby na lista e o mandado de busca citando mais de uma centena de nossas aquisições de representantes, era provável que essa batida estivesse de algum modo relacionada com o que Bobby fizera. Mas seus esquemas de propinas envolviam apenas quatro ou cinco funcionários e nossa investigação sobre o tema estava sendo feita às claras. Por que o governo não podia simplesmente falar com os advogados envolvidos na investigação? Por que uma batida inesperada em Alachua, Tampa e Nova Jersey quando tudo estava totalmente disponível?

Enfim consegui falar pelo celular com Charlie, diretor jurídico da WebMD. Ele confirmou que o FBI tinha feito uma batida na sede da WebMD em Nova Jersey e que, como eu, não fazia a menor ideia do motivo. Ele também suspeitava que isso poderia estar associado com a atividade ilegal em que Bobby Davids estivera envolvido. Discutimos a possibilidade de Bobby ter tentado fazer um acordo dizendo ao governo que todos os executivos estavam envolvidos nas propinas. Nesse caso, não seria provável que essa história se sustentasse, dadas todas as provas que tínhamos sobre as contas bancárias e os cheques cancelados dele. Charlie disse que receberíamos mais esclarecimentos nos próximos dias; enquanto isso, deveríamos cooperar totalmente com os agentes.

Um sentimento de paz completa me dominou e ficou ali praticamente o dia inteiro. Era tão denso que parecia um cobertor de proteção. Eu não me preocupava nem um pouco. Sabia que não tinha feito nada de errado e que, portanto, eles descobririam tudo. Se Bobby estava mentindo para tentar salvar o próprio pescoço, as provas sem dúvida revelariam a verdade. Eu queria garantir que estaria presente o bastante para assimilar essa experiência extraordinária por completo. Não é todo dia que o FBI aparece e faz uma batida sem nenhum motivo aparente.

Pelo que eu sabia, mais de cinquenta agentes do governo estavam envolvidos em nível nacional. Demoraram o dia inteiro e, quando terminaram, levaram praticamente tudo com eles. Cada pedacinho de papel tinha sido tirado da minha mesa. Todos os meus arquivos estavam vazios, assim como os da minha secretária executiva, Sandy Plumb. Todos os documentos jurídicos foram levados da sala de Lisa e das salas de arquivos jurídicos. A mesa da sala de reuniões costumava ter pilhas de pastas de arquivos usadas para administrar a empresa. Todas se foram, sem termos como recriá-las. E não só os documentos em papel estavam sendo levados; os agentes também estavam fazendo cópias de todos os discos rígidos dos nossos computadores, tanto os desktops quanto os servidores.

O dia continuou praticamente sem interferência da minha parte. Usei o tempo trabalhando para permanecer bastante confortável com a situação radical em que a vida havia me colocado. De fato, não existia razão para pensar no motivo de isso estar acontecendo ou no que iria resultar. Como eu não tinha absolutamente nenhuma ideia do que estava se passando, pensar nisso não ajudaria. Aproveitei para passar o dia abrindo mão de tudo que a voz na minha cabeça tentava dizer e relaxando profundamente sempre que meu coração começava a ficar ansioso. Nessa situação, entregar-me não era uma alternativa – era a única coisa sensata a fazer.

Quando saí, naquele fim de tarde, procurei os principais agentes. Agradeci por terem sido tão cordiais e disse que desejava que pudéssemos ter nos conhecido em circunstâncias melhores. Para mim eles eram apenas pessoas fazendo seu trabalho do melhor modo possível. Certamente não era culpa deles.

Quando o sol se pôs em 3 de setembro de 2003, em todo o país o governo havia confiscado 1,2 milhão de mensagens de e-mail, 1.500 caixas de arquivos contendo mais de 3 milhões de páginas de documentos e 830 mil arquivos de computador. Era de fato um dia que viveria na infâmia.

## 51

# Advogados, advogados e mais advogados

Na manhã seguinte, tive uma prévia de como seria minha vida durante um tempo. A manchete do *Gainesville Sun* dizia: "Batida do FBI na sede da Medical Manager em Alachua." Embaixo estava minha foto, perto da chamada da matéria: "Wall Street Interrompe as Transações com Ações da WebMD Antes do Meio-dia." Eu sabia que não fazia diferença eu não ter feito nada de errado nem saber o motivo da batida: eu era notícia. Nunca antes tinha sofrido uma desgraça pública, e notei que isso agitou minha psique. A voz dentro da minha cabeça ficava querendo explicar que isso não tinha nada a ver comigo. Com certeza não faltava quem quisesse ouvir o que eu tinha a dizer. Veículos de mídia de todo o país, inclusive *The Wall Street Journal* e *The New York Times*, queriam que eu comentasse o assunto.

Felizmente eu sabia como agir. Tinha passado todos aqueles anos silenciando a voz mental e aprendera que ouvi-la apenas alimenta o fogo. Sabia como era poderoso apenas relaxar e liberar aquela ânsia de me defender. Decidi só falar disso quando fosse absolutamente necessário. Afora isso, continuaria a trabalhar como sempre. Não tinha feito nada de errado, então por que deveria deixar que aquilo me afetasse? Com o tempo a coisa iria se resolver. Enquanto isso, eu não deixaria que ela roubasse a grande paz e a alegria que eu sentia por dentro. Desde o início decidi usar toda a situação para finalmente me libertar de tudo que restasse daquela pessoa amedrontada lá dentro, que sempre havia me atrapalhado. Essa era toda a minha jornada – libertação a qualquer preço.

De manhã cedo fizemos uma teleconferência com os advogados corporativos. Ninguém tinha ideia do que havia acontecido. Mesmo assim, a primeira coisa a fazer era contratar um advogado. Bom, não exatamente *um* advogado – firmas de advocacia separadas para representar a empresa e o conselho administrativo e um advogado criminalista para todos aqueles cujo nome estivesse na lista. Dava para ver que os advogados corporativos estavam levando isso a sério. Eles explicaram que não importava que a pessoa estivesse totalmente limpa; uma batida daquela magnitude prenunciava grandes problemas, e todo mundo precisava de representação legal. Isso significava pelo menos vinte advogados. Logo descobri que nem mesmo isso seria suficiente. A investigação vinha do gabinete do procurador-geral em Charleston, Carolina do Sul, por esse motivo foi sugerido que os principais executivos também tivessem advogados licenciados para atuar lá. Assim, agora estávamos falando em contratar entre trinta e quarenta advogados, além de duas firmas para a empresa. Se eu não tivesse ficado atônito com a batida, certamente ficaria atônito com o que significava me defender contra ela.

Eu não conseguia entender o fato de ter sido lançado de repente nessa situação. Não sabia absolutamente nada sobre questões criminais; nunca havia nem mesmo pensado nesse assunto. Isso me tornou muito ingênuo com relação ao perigo inerente que poderia estar enfrentando. Se eu tivesse sido deixado à própria sorte, provavelmente teria achado que, como não fiz nada, bastaria ir conversar com o governo. Por sorte eu estava cercado por empresários sagazes que sabiam que não se deve fazer nada até consultar um advogado e descobrir o que está acontecendo. Sem dúvida percebi quanto esse conselho era sábio à medida que os acontecimentos se desenrolavam.

Nas semanas seguintes o conselho da WebMD contratou a

Williams and Connolly para representar a empresa. Essa firma não era a maior de Washington, mas tinha a reputação de ser uma das melhores nesse tipo de processo. Pedi a Jim Mercer, já que ele era o advogado que eu mais respeitava, que me ajudasse a escolher alguém para me representar. Eu era novato e ele era o especialista. Fiquei muito grato por toda a ajuda e o apoio que recebi dele. Jim me levou até um advogado da Williams and Connolly, que me deu uma lista de criminalistas altamente respeitados com quem ele já havia trabalhado. Eu não teria ideia de como entrevistar um advogado criminalista de alto nível. Segui o conselho de Jim e comecei a marcar reuniões preliminares com alguns – mas, lá no fundo, eu sabia que deixaria essa decisão para o fluxo da vida.

Por acaso os acontecimentos se desenrolaram de um modo tal que só precisei me reunir com um advogado, Randy Turk. Randy era sócio sênior da Baker Botts, uma das firmas de advocacia mais antigas e respeitadas do país. Seu currículo parecia um Quem é Quem no mundo de defesa criminal de colarinho-branco. Ele havia defendido com sucesso a Hughes Aircraft Company contra uma cobrança de 400 milhões de dólares do governo dos Estados Unidos com relação a um conserto do telescópio espacial Hubble, e fora um dos principais advogados na equipe de defesa de Michael K. Deaver, vice-chefe de gabinete de Reagan na Casa Branca, num julgamento de alegações de perjúrio e obstrução de justiça. A lista era longa.

De todas as informações que consegui obter sobre Randy, a que mais me influenciou foi algo que o advogado na Williams and Connolly disse. Ele tinha ouvido dizer que eu usava rabo de cavalo e morava na floresta. Disse que, de todos os melhores advogados de defesa que ele conhecia, Randy era o mais "mente aberta". O advogado achou que, com base no que tinha ouvido falar sobre mim, Randy e eu nos daríamos muito bem.

Conheci Randy em Nova York. Ele foi de avião para a reunião de acionistas da WebMD encontrar-se comigo e com Jim Mercer, que estava me ajudando a escolher meu advogado. Eu me senti imediatamente confortável com Randy. Fazia mais de vinte anos que ele defendia pessoas contra acusações do governo. Trabalhava em Washington e obviamente era muito bem-sucedido. Randy pareceu intrigado com o caso e com meu passado inusitado. Ficara sabendo tudo que podia com seu contato na Williams and Connolly, e Jim e eu começamos a lhe contar o que sabíamos.

Quando Randy e eu nos conhecemos, a WebMD tinha uma ideia muito melhor sobre o foco da investigação do governo. Como havíamos suspeitado, Bobby Davids estava por trás de tudo aquilo. Depois de a empresa investigar com sucesso suas contas bancárias ocultas no início de 2003, Bobby soube que tinha sido apanhado. Foi apenas questão de tempo até percebermos que ele havia roubado quase 6 milhões de dólares em propinas e esquemas de desvio de dinheiro. Ele iria passar muito tempo na prisão. Mas Bobby era um vigarista, e pelo jeito era um vigarista muito bom. Certamente havia nos enganado durante anos enquanto conseguia realizar suas fraudes sem ser detectado. Em março de 2003, embarcou no maior trambique da sua vida: como evitar a punição pelo que tinha feito. Entrou no gabinete do procurador dos Estados Unidos em Charleston, Carolina do Sul, perto de onde morava, e se apresentou como delator. Disse às autoridades federais que era um executivo que tinha se envolvido numa enorme fraude contábil numa empresa de capital aberto. Admitiu que, como parte da fraude, tinha recebido propina para si mesmo e para alguns outros, mas estava preparado a entregar toda a alta administração se o governo estivesse preparado para fazer um acordo com ele.

Nos seis meses antes da batida policial, enquanto os advogados da WebMD investigavam abertamente tudo que Davids e seu grupo tinham feito, Bobby estava secretamente entregando ao governo uma intricada rede de mentiras. Na verdade Davids era o contador encarregado de todo o programa de aquisição de representantes. Como tal, tinha conhecimento detalhado de cada aquisição e cada documento relacionado a ela. E estava completamente livre para criar toda a estrutura de referência para o governo sobre a empresa e seus executivos. Com a habilidade de um Picasso, estava pintando uma obra-prima na tela em branco da mente das pessoas. Só precisava se certificar de que contaria a história de um modo que mais tarde fosse sustentado pelos documentos que eles encontrariam. Ele sabia que não haveria nenhuma prova para sustentar seu "mundo fantástico de Bobby". Mas, se ele dissesse que recebera ordem de realizar um negócio de certo modo e mais tarde pudesse mostrar que, de fato, o negócio fora feito daquele modo, isso iria apoiar sua teoria. O problema é que não sustentaria a parte do "recebera a ordem". No entanto, se ele contasse aos investigadores do governo o que eles iriam encontrar e eles continuassem encontrando exatamente o que ele dissera, isso daria credibilidade ao resto da sua história. Mais cedo ou mais tarde ele ganharia a confiança deles. Se conhecimento é poder, Bobby Davids tinha todo o poder. Naquele início de interação com o governo, ele era o único que tinha todo o conhecimento.

Randy explicou que essa não era uma situação incomum. O governo forma uma imagem e depois tenta encontrar provas que sustentem essa imagem. Era isso que o FBI estava fazendo com a massa de documentos confiscada durante a batida. Randy disse que o problema com uma quantidade tão grande de documentos é que sempre é possível encontrar um modo de fazer com que eles digam o que você quer. Nesse tom pessimista, Randy concordou em me defender do melhor modo possível e nós nos despedimos. Eu jamais poderia saber o tamanho da odisseia em que embarcaríamos juntos. Na época, soube apenas que o mesmo fluxo de acontecimentos que havia me levado a essa confusão tinha acabado de me levar ao meu principal advogado. Seguir esse fluxo era meu grande experimento, e agora não havia como recuar.

# 52

# Estados Unidos da América versus Michael A. Singer

Quatro meses tinham se passado desde a batida. E ainda sabíamos muito pouco sobre o que estava acontecendo. Continuei a confiar que, à medida que os investigadores do governo examinassem os documentos e entrevistassem pessoas na empresa, descobririam que Bobby e seu grupo eram os únicos que tinham feito algo errado. As manchetes haviam parado e tudo estava relativamente de volta ao normal na nossa vida cotidiana. Randy foi a Alachua uma ou duas vezes, assim como alguns membros da sua equipe. Já que não sabíamos como o governo estava tentando montar o processo – e uma vez que tinham levado todos os documentos do período entre 1997 e 2003 –, não havia muito trabalho jurídico que pudesse ser feito. A única coisa que os executivos podiam fazer era começar a pôr nossos advogados em dia com relação à empresa e à nossa história pessoal.

Randy escolheu para mim um advogado da Carolina do Sul, John Simmons, que pouco depois veio me ver. Fiquei muito impressionado com ele. John tinha sido procurador dos Estados Unidos na Carolina do Sul e agora atuava como advogado particular. À medida que passávamos o dia juntos e ele via o que eu tinha construído no correr dos anos com a empresa e o Templo, ele ficava mais e mais consternado com o que estava acontecendo. Disse que conhecia a promotora que comandava a investigação e que ela era uma mulher ótima, inteligente. Como todo mundo envolvido, John se perguntou como Bobby tinha conseguido atraí-la para o seu mundo.

Randy me contou que essas grandes investigações de colarinho-branco eram medidas em anos, não meses. Não tínhamos muita coisa a fazer até que os investigadores do governo examinassem o que haviam confiscado e estivessem preparados para discutir o processo. Ele disse que podíamos contatar a promotora para perguntar qual era o meu status na lista. Fiquei chocado ao descobrir que eu era um dos alvos principais da investigação. Isso não surpreendeu Randy. O governo estava caçando cabeças e, como eu tinha sido o CEO, isso me colocava no topo da lista. De qualquer modo, continuei a acreditar que eles não encontrariam nada, que não tinha com que me preocupar. Acreditava que, no final, a verdade triunfaria.

Enquanto isso, a empresa avançava agressivamente com sua defesa. Foi contratada uma firma para concluir a investigação interna dos esquemas de propina de Bobby. Só porque, de algum modo, ele tinha conseguido colocar o governo do seu lado, isso não significava que ele não tivesse roubado da empresa. Além do mais, a empresa decidiu mostrar que não era verdade que havia uma fraude contábil desenfreada acontecendo. O conselho contratou uma firma de contabilidade forense para realizar uma auditoria detalhada da receita e dos ganhos da Divisão de Serviços de Prática Médica da Medical Manager em todo o ano de 2001. Como empresa de capital aberto, era muito importante proteger a WebMD para não ser puxada para aquela confusão. Felizmente eles tiveram sucesso.

Para isolar a empresa da investigação dos executivos individuais da Medical Manager, em julho de 2004 eu me demiti do cargo de CEO da divisão. Mais tarde, naquele ano, à medida que a investigação se acirrava, também deixei o conselho da WebMD. Vi isso como outro ato de entrega para servir ao que a vida estava apresentando. Apenas relaxei e abri mão de qualquer resistência que surgisse dentro de mim. Era assim que eu vinha enfrentando toda aquela provação, e isso tornou aquele período da minha vida uma parte profunda e poderosa da minha jornada espiritual.

Janeiro de 2005 trouxe o próximo grande passo no processo. O governo aceitou pedidos de acordos por parte de Bobby Davids e dois dos seus colaboradores nos esquemas de propina. Essas pessoas concordaram em pagar devoluções à empresa e Bobby concordou em cumprir um ano e um dia de prisão. Nada mau, considerando que, no fim das contas, ele admitia ter roubado 5,4 milhões de dólares em 53 esquemas de propina num período de cinco anos. Bobby Davids e os outros só enfrentaram uma única acusação, de fraude postal.

O restante de nós estava totalmente perplexo. Não era bom que o governo estivesse disposto a liberar aquelas pessoas tão tranquilamente em troca do seu testemunho contra nós. Também havíamos descoberto que Bobby tinha um caso com uma mulher do departamento de contabilidade. Ela era contadora e controladora do programa de aquisições de representantes. Em grande parte, era a cooperação dela que permitia a Bobby passar com seus esquemas pela contabilidade, pelos auditores e pelos executivos. No entanto, ela não foi acusada. Foi nesse ponto que comecei a perceber como a situação era desfavorável para nós. O governo estava declaradamente liberando pessoas culpadas com o objetivo de conseguir o testemunho delas. Aquelas pessoas estavam simplesmente apontando para o alto escalão com o objetivo de afastar os refletores de si mesmas. De qualquer modo, as matérias nos jornais diziam que alguns executivos da Medical Manager tinham assumido a culpa pelo envolvimento em fraude contábil, e mais pessoas provavelmente seriam acusadas. A coisa toda era um pesadelo de relações públicas para a WebMD e a Divisão de Serviços de Prática Médica da Medical Manager. A última coisa que eu desejaria no mundo era prejudicar a empresa. Depois de 25 anos de serviço dedicado, era hora de pedir demissão.

Em 9 de fevereiro de 2005, mandei minha carta de demissão para o CEO da WebMD. Talvez seja a única carta de demissão escrita naquelas circunstâncias que tenha terminado com "Com grande amor e respeito". E cada palavra nela era sincera.

Fiquei impressionado em ver que, depois de todos aqueles anos, meu estado interior não fora afetado pela saída da empresa. Na manhã seguinte acordei, fui ao Templo como sempre e depois me dirigi ao antigo prédio da Personalized Programming, no terreno do Templo. O lugar tinha sido transformado em uma casa, mas não havia ninguém morando lá. Meu antigo escritório tinha sido usado como ateliê, e continuava com a mesma mesa e os mesmos móveis de 15 anos antes. Descobri que me sentia tão confortável naquele escritório quanto na suíte executiva, mais adiante na estrada. Na verdade me sentia até mais confortável. Sempre gostei da simplicidade; por isso tinha me mudado para a floresta, para começo de conversa. Sentado em silêncio naquela sala, pude ver que a situação terrível estava provocando mudanças espantosas – tanto por dentro quanto por fora. A vida sempre havia feito isso comigo, e aceitar essas mudanças era meu grande experimento. Eu sabia que esse ataque do governo não era exceção. Só precisava estar disposto a ir aonde quer que aquilo me levasse.

Enquanto isso eu tinha recebido o espaço para começar a escrever os livros que eu sempre soube que iria escrever. Eram dois: o primeiro contaria o que eu tinha aprendido desde que havia notado minha voz mental falando quando estava sentado naquele sofá, tantos anos atrás. Seria uma jornada de volta à base do Ser que podia ser ocupada por qualquer pessoa no mundo. O título seria *A alma indomável*. O segundo livro seria sobre as histórias do milagroso fluxo de acontecimentos nos anos em que abri mão e deixei a vida se desenrolar naturalmente. Iria se chamar *A entrega incondicional*. Eu ainda não podia começar esse livro, porque não sabia como seria o último capítulo. Assim, no meio de toda essa mudança e incerteza, comecei a trabalhar em *A alma indomável*.

Karen Entner morava no Templo havia mais de 15 anos. Tinha chegado a um cargo administrativo na Medical Manager e era uma funcionária fenomenalmente produtiva. Como chefe dos departamentos de documentação e treinamento por computador, vinha escrevendo sob minha supervisão durante anos. Pouco depois de eu sair da empresa, ela expressou interesse em me ajudar com o meu livro. Assim, agora eu tinha um livro para escrever e a pessoa perfeita para me ajudar no processo. O Templo, o livro e conversas periódicas com Randy e sua equipe me mantiveram suficientemente ocupado pelo resto do ano.

Em novembro de 2005, dois anos inteiros depois da batida policial, Randy ouviu dizer que o indiciamento era iminente. Ele e alguns outros advogados exigiram ver as provas que ligavam seus clientes a um crime. O resultado foi que Randy me mandou uma pilha de documentos com quase 3 centímetros de altura, que o governo pretendia usar para provar que eu estava por trás das atividades de Bobby.

Fiquei muito interessado em estudar esse material, mas ao mesmo tempo me sentia um tanto apreensivo. Depois de apenas algumas horas fiquei atarantado. Não via naqueles documentos nada que me incriminasse. Havia alguns relatórios de contabilidade sobre algumas aquisições feitas por Bobby, mas a maior parte eram anotações à mão feitas por minha secretária, Sandy, durante nossos telefonemas executivos duas vezes por semana. Nessas anotações o FBI tinha circulado praticamente todas as referências a quaisquer discussões que tivemos sobre alcançar nossas projeções trimestrais de receita e lucros. Sandy tinha escrito meu nome ao lado de alguns comentários ou sugestões. Só isso. Fiquei ao mesmo tempo aliviado e preocupado. Aliviado porque, como suspeitava, eles não tinham encontrado nada indicando que eu tivesse feito alguma coisa errada. Preocupado porque eles estavam obviamente considerando que aqueles documentos eram provas contra mim. Eu não soube o que pensar, por isso liguei para Randy.

Randy contou que todo mundo que tinha olhado os documentos teve a mesma reação: não havia nada que me ligasse a qualquer malfeito. Ele explicou que isso não importava. Bobby havia dito que a fraude contábil em que ele estivera envolvido tinha o objetivo de alcançar números da bolsa de valores. Os documentos seriam usados para mostrar a motivação. Os promotores do governo argumentariam que, como eu queria alcançar as expectativas de Wall Street, permitira que Bobby fizesse as coisas de modo impróprio. A motivação era uma das peças de que o governo precisava para tentar montar um processo contra mim. Mas isso não estava acontecendo apenas comigo. Randy contou que todos os outros executivos e seus advogados tiveram a mesma reação diante do material que receberam.

Apenas um mês depois, em 19 de dezembro de 2005, Randy recebeu uma notificação do escritório do oficial de justiça dos Estados Unidos em Colúmbia, Carolina do Sul, comunicando que fora emitido um indiciamento federal – eu seria preso. Junto com nove outros ex-executivos da Medical Manager Corporation, deveria me entregar às autoridades federais em 28 de dezembro em Charleston, Carolina do Sul. A notificação dizia:

ESTADOS UNIDOS DA AMÉRICA VERSUS MICHAEL A. SINGER

## 53

# Preparando uma defesa

Eu achava que entendia razoavelmente bem o que ia enfrentar, até ver o indiciamento. Com toda a sinceridade, era a coisa mais distante da verdade que eu já vira na vida. Eu sabia que Bobby tinha nos comprometido dizendo ao governo que sabíamos de tudo de errado que ele havia feito. Aos olhos da lei, isso nos tornava participantes da conspiração. Mas o indiciamento nem incluía o nome dele. Listava todas as coisas que ele afirmava ter feito de modo impróprio e declarava que os executivos tinham compactuado – ou, mais exatamente, tinham "feito com que elas acontecessem". Estávamos todos diante de acusações de conspiração que poderiam resultar em até 15 anos de prisão.

Fiquei sem chão quando li o indiciamento. Randy, não. Era mais ou menos o que ele esperava, com base em seus trinta anos de experiência. O indiciamento representava as alegações do governo na linguagem mais forte possível para justificar as acusações. A verdade, por outro lado, talvez pudesse emergir do julgamento. Até agora não houvera nenhuma reação contra a visão de mundo de Bobby. Na verdade, ainda nem tínhamos começado a lutar.

Tive uma reunião com Randy e meu advogado da Carolina do Sul, John Simmons, em Charleston, para a citação. Todos os dez executivos da Medical Manager indiciados estavam ali, junto com mais de vinte dos nossos advogados. Comigo estavam John Kang, John Sessions, Rick Karl, David Ward, dois vice-presidentes regionais, o diretor financeiro, um controlador de contabilidade e o advogado que tinha trabalhado no programa de aquisição de representantes. Foi um circo completo. Antes dos procedimentos do tribunal, todos precisávamos ser fichados e ter as digitais coletadas pelo FBI. Desnecessário dizer que essa foi uma experiência nova para todos nós.

Quando finalmente fomos reunidos do lado de fora da sala do tribunal, era a primeira vez que muitos de nós nos víamos em anos. Tínhamos criado uma empresa de sucesso juntos e ainda havia uma verdadeira amizade e camaradagem entre nós. Os advogados preferiam que não nos falássemos, mas não havia como isso acontecer. A cena se transformou num reencontro com apertos de mão e abraços calorosos. Cada um de nós sabia, no fundo do coração, que não tinha feito as coisas das quais era acusado. Talvez o inimigo em comum nos unisse ainda mais. Só sei que, quando a promotora apareceu, aquilo parecia mais uma reunião social do que um indiciamento.

Eu realmente queria conhecer a promotora. Não tinha nada contra ela. De fato, senti uma estranha afinidade com ela porque nós dois tínhamos sido enganados pelo mesmo vigarista, Bobby Davids. A diferença era que eu sabia disso, e ela não. Randy era contrário à ideia, mas me deu permissão para que eu me apresentasse. Ela apertou minha mão, mas estava claro que não gostava muito de mim. Era a primeira vez que nos encontrávamos, mas ela já havia criado na cabeça um Michael Singer que, com certeza, eu também preferiria não conhecer.

Os procedimentos aconteceram de modo tranquilo. Só que, em vez de um réu e seu advogado diante do juiz, precisamos espremer dez réus e vinte advogados. A sala do tribunal era bem pequena, e a área de assentos para o público estava totalmente ocupada pelo restante das nossas equipes jurídicas. A sala ficou tão apinhada que a área do júri estava sendo usada para abrigar de dez a doze prisioneiros com macacões cor de laranja que esperavam sua vez de se apresentar ao juiz. Eu estava de pé perto da área do júri, e aqueles presos me lembraram do meu grupo na penitenciária. Pensei que, pelo modo como as coisas iam, um daqueles poderia acabar sendo eu. Sabia que, para me sentir em paz durante toda essa provação, precisaria ficar confortável com essa ideia. Naquele momento, relaxei. Estava num tribunal da Carolina do Sul, sendo indiciado, mas me sentia tomado de amor por aqueles presos sentados perto de mim. Randy precisou me cutucar para eu ficar ereto e prestar atenção aos procedimentos. Eu só sabia que estava na jornada da minha vida, e veja só aonde ela havia me levado.

O juiz nos liberou sem a necessidade de pagar fiança. Apesar de estarmos livres para ir embora, permaneci um tempo naquela sala do tribunal e pensei no que estaria reservado para mim. Aqueles eram momentos muito únicos na vida de uma pessoa – era melhor não perdê-los.

Depois disso passei um tempo com alguns executivos. Fazia muitos anos que eu não via Rick Karl, mas isso não havia afetado nossa amizade. Ele disse que tinha sido indicado para um posto de juiz federal na Flórida. Tudo indicava que ele conseguiria o cargo, mas precisou tirar o nome da lista no instante em que soube que seria indiciado. Do mesmo modo, John Kang estava se preparando para deixar o cargo de presidente e CEO da empresa de capital aberto que ele e seu irmão tinham fundado. Todo mundo estava se esforçando ao máximo para parecer bem, mas essa situação mudava a vida das pessoas.

Afora esses executivos e a família deles, a notícia de primeira página sobre o indiciamento tinha afetado algumas outras pessoas muito queridas para mim. Eu já havia recebido um telefonema do diretor da Union Correctional Institution dizendo que, até que essa situação fosse resolvida, ele não tinha escolha a não ser revogar minha autorização para me encontrar com meu grupo das manhãs de sábado. Depois de trinta anos de compromisso com a coisa que talvez fosse a mais importante que eu tinha feito na vida, meu trabalho na penitenciária estava terminado. Uma onda de escuridão baixava sobre tudo que antes fora a fonte de tanta luz. A coisa estava completamente fora do meu controle. Eu estava decidido a me sentar com tranquilidade dentro de mim mesmo e ver se aquilo poderia passar sem afetar meu estado interior. Era como nos primeiros dias, quando comecei o experimento de abrir mão diante do perigo. A grande diferença era que esse perigo estava muito além de qualquer coisa que eu pudesse imaginar. Era a tempestade perfeita.

Enquanto isso, fazia dois anos desde a batida do FBI. Por lei, o governo deveria liberar todo o material que os investigadores haviam confiscado. Mas, na época do indiciamento, ainda não tínhamos nenhum documento para preparar a defesa. Naquela noite, todo o grupo conjunto de defesa se reuniu num hotel. Gostei de ver todos os advogados interagindo. Randy havia tomado a frente para montar um acordo de defesa conjunta que nos permitiria compartilhar os materiais. Mas, no final, cada advogado era responsável por defender os interesses do seu cliente. Cercado por advogados de defesa criminal na sala cheia, percebi que estava numa situação incrível. Ia embarcar numa viagem muito pessoal pelo sistema de justiça americano. Sabia que nunca havia nem mesmo pensado em fazer as coisas das quais era acusado. Mas como isso iria se desenrolar? Será que nosso grande sistema de justiça funcionaria?

Um mês depois começamos a receber a primeira onda de materiais liberados. Obtivemos acesso ao 1,2 milhão de mensagens de e-mail levadas durante a batida, além das anotações de algumas entrevistas feitas pelo FBI. Iriam se passar mais cinco meses até que tivéssemos acesso aos milhões de páginas de documentos em papel que tinham sido levados – para não citar as centenas de milhares de arquivos de computador copiados durante a batida. O governo tivera quase três anos para revisar todo esse material; a defesa demoraria anos para examinar tudo.

Assim que os materiais liberados começaram a chegar, Randy e a equipe da Baker Botts me delegaram tarefas: revisar aquelas dezenas de milhares de e-mails; revisar todos os seis anos de anotações das reuniões executivas; revisar todas as minhas respostas por escrito referentes a anos de trabalhos levados para casa à noite. Eu ia periodicamente a Washington trabalhar com a equipe em itens específicos. Sempre havia quatro ou cinco advogados da Baker Botts trabalhando no processo para mim. Os advogados de todos os outros executivos também tinham equipes dedicadas, mas nem sempre tão grandes. Quanto mais penetrávamos no material, mais óbvio se tornava: a não ser Bobby e seu grupo, ninguém tinha feito nada de errado. Não havia mensagens de e-mail nem documentos mostrando qualquer executivo instruindo, ou mesmo sugerindo, qualquer manipulação na contabilidade. Tínhamos de trinta a quarenta advogados enterrados naqueles documentos somente para encontrar alguma coisa que nos ligasse aos delitos de Bobby. Ninguém encontrou prova nenhuma contra nenhum dos réus. No entanto, como havíamos trabalhado regularmente com Bobby Davids, sempre haveria provas circunstanciais que poderiam ser exploradas para significar qualquer coisa que eles quisessem.

Foi nesse pano de fundo que escrevi *A alma indomável*. Até o âmago do meu ser eu queria comunicar aos outros que, bem no fundo, eles estavam escutando o falatório incessante daquela voz interior e que havia um modo de se libertar. Esse era o trabalho da minha vida, não aquela absurda confusão jurídica. Não me importava até que ponto aquela inverdade tinha se tornado ameaçadora – eu queria compartilhar uma verdade profunda que iluminaria a vida dos outros. Assumi o compromisso com o livro. Karen e eu tínhamos terminado de escrevê-lo no final de 2006, mas ainda estávamos fazendo revisões. Mandei um primeiro rascunho para Randy porque queria a opinião dele. Também precisava da permissão do meu advogado para fazer praticamente qualquer coisa que pudesse afetar o processo. Randy ficou muito preocupado imaginando que os promotores do governo encontrariam um modo de usar o livro contra mim, como vinham fazendo com todas as outras coisas. Eu disse a ele que estava disposto a correr esse risco. Especialmente porque, como não tínhamos ideia de onde o processo iria parar, eu precisava publicar o livro o mais cedo possível. Depois de discutir os riscos, Randy deixou a decisão por minha conta.

A publicação de *A alma indomável* aconteceu muito rapidamente. Eu tinha dado um dos primeiros rascunhos a James O'Dea, um amigo querido que fazia parte do conselho de administração do Templo. Devido à perfeição da vida, na época James era diretor do Institute of Noetic Sciences (IONS), e o instituto tinha acabado de assinar um contrato de coedições com a New Harbinger Publications, a mais importante editora de livros de psicologia do país. Todos leram o livro e o adoraram. Como todas as outras coisas na minha vida estavam sendo puxadas em direção ao abismo, fiquei espantado ao ver aquelas energias fluindo tão bem.

*A alma indomável* foi lançado em setembro de 2007. Dispensei a costumeira turnê promocional de autógrafos e recusei todas as entrevistas. Sabia que era responsabilidade do autor promover seu livro, especialmente na época do lançamento, por isso informei à New Harbinger que faria a publicidade pela internet. Karen e eu bolamos uma estratégia de marketing e, sem sair da floresta de Alachua, dedicamos tempo e dinheiro à promoção do livro. O resultado foi fenomenal. A primeira tiragem de *A alma indomável* deveria durar um ano. Os livros acabaram em apenas três meses.

O livro continuou vendendo bem por conta própria depois do lançamento, inclusive internacionalmente. Em meio àquele período tão sombrio, ele conseguiu se manifestar, criar asas e voar ao redor do planeta. As reações em toda parte foram impressionantes. *A alma indomável* estava cumprindo o seu propósito: ajudar as pessoas. Em meio à escuridão fenomenal, aquela obra espalhava luz.[3]

---

[3] Nota do editor: Em novembro de 2012 *A alma indomável* chegou ao primeiro lugar na lista de mais vendidos do *The New York Times*.

## 54

# A Constituição e a Declaração dos Direitos

A batalha jurídica sem dúvida estava ficando mais interessante. Assim que tivemos acesso ao material liberado, pudemos preparar a defesa. A primeira coisa que Randy e a equipe de defesa fizeram foi pedir que o juiz forçasse o governo a reduzir significativamente o escopo do material. Eles não podiam simplesmente nos entregar milhões e milhões de mensagens de e-mail, documentos e arquivos de computador, além de anos de anotações de contabilidade, e dizer que em algum lugar ali estava o que você fez de errado. Para que tivéssemos a chance de nos defender, as afirmações de delitos precisariam ser mais específicas. Em termos jurídicos isso é chamado de requisitar uma "lista de especificidades". O governo lutou contra, mas o juiz emitiu uma ordem obrigando os promotores a especificar exatamente quais aquisições de representantes e quais anotações de contabilidade seriam apresentadas no julgamento.

Em todos aqueles anos vendo a verdade ser manipulada até ficar irreconhecível, essa era a primeira vez que eu percebia que tínhamos voz sobre a questão. O Departamento de Justiça dos Estados Unidos é uma das forças mais poderosas do mundo. Mas não é todo-poderoso. O juiz tinha o direito de decidir contra ele. Eu lembrei que em muitos outros países não era assim; que, neles, se o governo estiver convencido de que você fez alguma coisa errada, está acabado. Já que eu precisava passar por essa provação, queria aprender o máximo possível sobre nosso sistema jurídico.

Perguntei a Randy exatamente o que nos dava o direito de fazer essa exigência ao governo. E adorei a resposta dele: a Constituição. A Sexta Emenda diz: "Os acusados devem ter o direito [...] de ser informados sobre a natureza e a causa das acusações." No correr dos anos, decisões da Suprema Corte interpretaram esse direito afirmando que, se os materiais apresentados tiverem escopo muito grande, você tem o direito de exigir uma lista de especificidades.

Na época eu não disse a Randy, mas isso me comoveu até o âmago do meu ser. Durante três anos eu estivera silenciosamente dentro de mim mesmo, assistindo aos poderes constituídos pegarem as mentiras de Bobby e as transformarem numa força de destruição aparentemente impossível de conter. De repente eu lembrava que pessoas que eu nunca conhecera ao vivo tinham tido o cuidado e a visão antecipada para garantir que eu tivesse direitos. Se a luta seria dos Estados Unidos da América versus Michael A. Singer, eu tinha pessoas incríveis ao meu lado: Thomas Jefferson, George Mason e James Madison, para citar apenas alguns. Nos anos seguintes ficaria dolorosamente óbvio para mim que havia apenas um único pedaço de papel entre mim e o abismo escuro. Esse pedaço de papel era a Constituição dos Estados Unidos.

Voltei e reli a Constituição, do início ao fim. Da perspectiva da minha situação difícil, era evidente que os Pais Fundadores estavam não apenas criando um governo, mas também protegendo o povo contra ele. Eu sempre soubera disso no plano intelectual, mas agora era pessoal, muito pessoal. Esse não era um curso de civismo, era a minha vida. Nessas circunstâncias, a Constituição realmente ganhou vida para mim.

Ao longo de todo o ano de 2007, a equipe de defesa conjunta trabalhou para descobrir todos os documentos relevantes relativos aos itens que o governo havia citado na lista de especificidades. Todo mês eu passava alguns dias em Washington para reuniões de revisão e também fazia teleconferência com a equipe jurídica da Baker Botts. Randy estava presente em quase todas as reuniões. O sócio dele, Casey Cooper, e os advogados associados cuidavam de boa parte do trabalho cotidiano.

Cada advogado tinha recebido uma parte das aquisições de representantes para revisar, e nós revisávamos cada uma dessas transações em detalhes meticulosos. Era como ter uma britadeira golpeando meu ego. Eu tinha construído e comandado uma empresa linda. Tínhamos um ótimo produto, ótimos funcionários e ótimos clientes, e éramos muito bem-sucedidos. Mas, por trás do programa de aquisição de representantes, havia imundície. Era como olhar dentro de uma fossa séptica. Bobby estivera roubando, manipulando e controlando tudo no seu mundo – inclusive a mim e ao restante dos executivos. Fiquei sem fôlego ao ver o que ele havia feito. Ainda por cima, havia a percepção de que aquelas reuniões não eram sobre o que Bobby tinha feito; eram sobre o fato de que ele conseguira encontrar um modo de nos tornar criminalmente responsáveis pelo que ele tinha feito. Era como estar no *Além da imaginação*. Eu só podia continuar abrindo mão no nível mais profundo possível. Meu mantra era: Isto é a realidade – lide com ela. Simplesmente assumi a atitude de que, na minha jornada pela vida, eu agora fazia parte dessa excelente equipe jurídica reunida para defender esse pobre coitado, Singer, contra quem o vilão malvado tinha armado. Eu respirava fundo, me entregava e colaborava positivamente para o tópico que estava sendo discutido.

Estávamos definitivamente progredindo. Tínhamos descoberto que o disco rígido que o governo nos dera, com dados dos arquivos dos computadores pessoais, tinha sido indexado de modo inadequado pelo FBI. Por algum motivo, os agentes só tinham indexado os arquivos pela curta descrição de cabeçalho que eles tinham designado para cada artigo. O conteúdo não tinha sido indexado. Isso limitava seriamente os resultados da busca para essa fonte importante de dados. A equipe de defesa mandou fazer uma indexação completa, e estávamos encontrando um monte de documentos históricos interessantes. Encontramos antigos rascunhos de documentos e cartas que contradiziam diretamente algumas das mentiras que Bobby tinha contado. Pouco a pouco, íamos desenredando a complexa confusão criada por ele.

O encarregado do caso era o juiz Blatt, e Randy estava se entendendo muito bem com ele. Tínhamos audiências preliminares frequentes e o juiz Blatt aprovava muitas das nossas petições, mas não todas. Randy descobriu que ele era muito justo em suas decisões e sentia que estava começando a perceber até que ponto o governo havia forçado a barra nesse caso. Fazia mais de quatro anos desde a batida, e as coisas finalmente estavam começando a aparecer. Eu não podia estar mais confiante, com Randy como meu advogado principal e como líder da equipe de defesa conjunta.

As coisas começaram a degringolar em 2008. Em 7 de fevereiro Randy me informou que tinha ido fazer um check-up e os médicos encontraram um tumor. Era maligno, e eles queriam operar imediatamente. Abriram o peito dele e tiraram o tumor. No meio da batalha, o general estava fora de combate.

Demorou apenas três ou quatro semanas até Randy estar de pé outra vez, comandando o ataque. Mas uma questão continuava. Os médicos diziam que havia boa chance de o tumor retornar e que ele deveria considerar uma quimioterapia. Ele decidiu aguardar, torcendo pelo melhor. Enquanto isso, era voltar ao trabalho. Essa era uma coisa boa, porque o governo pedira que o juiz finalmente marcasse uma data para o julgamento. Vínhamos dizendo ao juiz que, devido ao enorme volume dos materiais revelados, não estávamos nem um pouco prontos. Mas em junho de 2008 o juiz determinou nossa data de julgamento: 2 de fevereiro de 2009, dali a apenas sete meses. Restava muito trabalho a fazer; seria necessário um exército de advogados.

Na metade do tempo até a data do julgamento, o câncer de Randy voltou. Dessa vez, ele precisaria de oito semanas de quimioterapia muito intensa e um período de recuperação indeterminado. Lembrei-me de quando Jim Mercer estava me orientando sobre a escolha de um advogado. Ele disse que o Santo Graal seria conseguir um sócio sênior de uma das firmas mais importantes do país que se comprometesse pessoalmente apenas com esse caso. Randy havia sido esse Santo Graal. Agora, contra as recomendações médicas, Randy estava considerando seriamente arriscar a vida esperando até o fim do julgamento para começar o tratamento. Garanti que não aceitaria isso, mas ele decidiu esperar e ver com que rapidez o tumor progredia antes de tomar uma decisão. Randy era como um guerreiro samurai envolvido em uma batalha que tinha a ver com Honra, Verdade e Justiça. Ele não largaria a espada por causa de um tumor minúsculo.

Infelizmente, demorou apenas um mês para o tumor progredir a ponto de não ter jeito. Sabíamos que o juiz Blatt estava inflexível e que não aceitaria nenhum adiamento. Mesmo sendo uma possibilidade remota, Randy requisitou uma prorrogação de três meses para me representar no julgamento. Mais uma vez, foi a Constituição que cuidou de mim. A petição apresentada invocava meu direito, garantido pela Sexta Emenda, de ter a assistência do advogado de minha escolha. Ainda que o governo se opusesse ao pedido de prorrogação, ele foi concedido pelo juiz com a condição de que eu começasse a trabalhar com outro advogado principal caso Randy não se recuperasse a tempo. Com a nova data do julgamento marcada para 4 de maio de 2009, dali a apenas cinco meses, Randy começou o tratamento.

Fazia mais de cinco anos que eu vinha trabalhando com Randy. Ele não apenas era meu principal advogado e grande amigo, mas também era o chefe de estratégia jurídica de toda a equipe de defesa conjunta. Não havia como substituí-lo. Tendo prometido ao juiz que eu faria exatamente isso, pelo menos como plano B, respirei fundo e me entreguei à realidade diante de mim: precisaria começar a trabalhar com um novo advogado principal.

# 55
# Intervenção divina

A carga de trabalho aumentou de modo significativo à medida que nos aproximávamos do julgamento. Em fevereiro, começamos uma fase muito interessante e importante das audiências preliminares: as petições *in limine*. Eram petições preliminares que nos davam a oportunidade de questionar se as provas que os promotores do governo pretendiam apresentar no julgamento eram confiáveis de uma perspectiva legal. Eles tinham confiscado inúmeros documentos e escolhido aqueles que sustentavam sua visão dos acontecimentos. Eu sabia que muitos não diziam o que estavam sendo distorcidos para dizer. Mas, tirados do contexto, eles influenciariam o júri. Fiquei satisfeito ao saber que os tribunais garantiam nosso direito constitucional a um julgamento justo, o que significava que um júri não poderia ser influenciado com provas que não atendessem a um padrão razoável de confiabilidade. Em outras palavras: tínhamos o direito de pedir que o juiz excluísse definitivamente do julgamento parte desse material.

Em várias petições, questionamos a relevância e/ou confiabilidade do que o governo pretendia apresentar ao júri. Em muitos casos o juiz concordou conosco. Esse juiz estava finalmente contendo as tentativas desenfreadas de criar provas arbitrárias. Eu não ia a nenhuma das audiências preliminares, mas revisava todas as petições e acompanhava com grande interesse enquanto elas eram examinadas no tribunal. Com Randy de fora, a advogada associada, Alex Walsh, me passava as atualizações diárias. Fiquei impressionado com ela e pude ver como a ausência de Randy dava uma oportunidade tremenda para os advogados mais jovens. Adorei ver que, em meio àquela escuridão, algo grandioso estava sendo forjado.

Randy terminou a quimioterapia e tentou voltar ao trabalho imediatamente. Mas, apesar de o tratamento ter sido bem-sucedido, ainda levaria meses até que ele recuperasse todas as forças. No fim de março, faltando apenas um mês para o julgamento, ficamos sabendo que o período de recuperação de Randy não era nossa única preocupação. Em 27 de março de 2009, o juiz Blatt anunciou que, devido à sua idade e à sua saúde, iria abandonar o caso. Tínhamos perdido nosso juiz.

O chamado à batalha começou na mesma hora. O governo avisou a todos os advogados de defesa que era melhor tentarem negociar um acordo porque seriam destruídos no julgamento com um novo juiz. Desnecessário dizer: devido à maneira como o juiz Blatt passara a conhecer o processo nos últimos três anos e meio e a como ele havia sido justo, a perspectiva de um novo juiz na última hora era desanimadora. Em meio à situação mais perigosa da minha vida, as duas forças deste mundo em que eu tinha passado a ter mais confiança para me proteger – Randy e o juiz Blatt – tinham sido tiradas de mim. Essa sequência incrível de acontecimentos estava tão completamente fora do meu controle que não tive escolha a não ser me entregar num nível ainda mais profundo. Parecia que a vida estava se desenrolando de um modo que garantiria a ruína de tudo que restava do meu eu pessoal: exatamente o que eu tinha pedido tantos anos antes.

Ninguém sabia o que iria acontecer em seguida. O julgamento quase certamente seria remarcado, mas ninguém tinha ideia de qual seria a nova data nem de quem seria o juiz. Só podíamos continuar nos certificando de que estávamos preparados. O principal juiz do distrito, o juiz Norton, assumiu a tarefa de encontrar um juiz federal que pudesse assumir um julgamento em cima da hora com duração de quatro meses. Enquanto isso o juiz Blatt continuou cuidando das audiências preliminares e nós continuamos a nos sair muito bem com as petições *in limine*. Por fim, incapaz de encontrar um juiz substituto, o juiz Norton decidiu ele mesmo assumir o caso. Numa audiência em julho, recebemos a nova data do julgamento, 18 de janeiro de 2010, dali a cinco meses. Agora o principal juiz federal da Carolina do Sul julgaria o caso. Tudo continuava ficando cada vez maior.[4]

O juiz Norton assumiu as audiências preliminares por volta de agosto de 2009. Randy estava de volta e achou o juiz Norton muito inteligente, culto e imparcial. Por acaso, as decisões do novo juiz eram muito parecidas com as do juiz Blatt. Continuamos a desmantelar o processo do governo em petições preliminares ao longo dos meses anteriores ao julgamento. Certamente parecia que Norton, assim como Blatt, enxergava a fragilidade do processo contra nós.

Em outubro, faltavam três meses para o julgamento e tinha chegado a hora de reservar moradia em Charleston. Anos antes eu tinha perguntado a Randy qual era a probabilidade de o governo perceber que eu não tinha feito nada e simplesmente retirar as acusações. Ele disse que esperava que o governo retirasse as acusações contra todo mundo, menos contra mim, John Kang e John Sessions – o CEO, o presidente e o diretor de operações. Randy incluiria o diretor financeiro nessa lista, mas ele havia morrido de câncer.

Eu queria ter certeza das minhas chances, por isso pressionei Randy perguntando se seria necessária uma verdadeira intervenção divina para eu evitar um julgamento e ficar livre. Ele pensou por um momento e disse: "Sim, seria necessário um ato de intervenção divina."

---

[4] Vale observar que anos antes o promotor federal da Carolina do Sul, que tinha originalmente apresentado as acusações, havia se demitido, e o Departamento de Justiça em Washington havia praticamente assumido o processo.

Com isso em mente, Donna e eu fomos a Charleston alugar um lugar para morar durante quatro meses. Transformamos isso em uma aventura. Os dois tínhamos morado no Templo por mais de 35 anos. Nunca havíamos ficado longe por muito mais do que umas poucas semanas de cada vez. Esse julgamento iria nos obrigar a nos mudar por um período extenso. Claro, havia a possibilidade de meu afastamento ser muito mais longo.

À medida que nos aproximávamos da data do julgamento, as coisas se desenrolaram de acordo com as previsões de Randy. O governo convocou o segundo escalão de executivos indiciados, um por um, e tentou obter alguma coisa útil antes de retirar as acusações. Claro, não havia nada a obter, e todos ficamos satisfeitos ao ver nossos colegas saírem ilesos. Com isso restavam os três altos executivos a serem julgados em 18 de janeiro de 2010.

Recebi um telefonema de Randy em meados de dezembro. Através de canais pessoais, ele tinha recebido uma indicação de que, de repente, o governo estava interessado em negociar um acordo. Depois de verificar, Randy disse que parecia que os promotores já estavam fartos e queriam me tirar do caso. Estávamos nos sentindo bastante confiantes com minha posição, dado o sucesso nas audiências preliminares. Eu disse a Randy que desejava que as acusações fossem retiradas sem que restasse nada na minha ficha. Se eles queriam uma declaração de fatos, eu declararia que sempre acreditei que tudo estava sendo feito de acordo com princípios contábeis padrão, mas que agora via que Bobby fizera algumas coisas de modo impróprio. Em outras palavras, eu diria a verdade e nada mais.

De algum modo, apenas quatro semanas antes do julgamento e seis anos depois da batida, a luz estava dissipando a escuridão. O governo insistiu que eu abrisse mão voluntariamente de uma parte de uma venda de ações de doze anos antes, para o caso de o preço ter sido afetado pelas imprecisões contábeis de Bobby. Duvidei que o preço das ações tivesse sido afetado. Mas, se tivesse, aquele era um dinheiro que eu não queria e do qual não precisava. Então, tão de repente quanto havia começado, todo o pesadelo terminou. O governo concordou em retirar todas as acusações contra mim.

Não senti alegria nem alívio. O que senti foi uma gratidão profunda porque, no fim, a verdade triunfou. Pode ter exigido uma intervenção divina, mas a verdade venceu. No entanto, maculando esse sentimento, havia ainda o fato de que John Kang e John Sessions iriam a julgamento. Eu tinha analisado todos os documentos do processo, e as únicas irregularidades deliberadas que encontrei foram cometidas por Bobby Davids e seu grupo. Eu sabia que John Kang e John Sessions tinham realizado seu trabalho do melhor jeito que podiam. Trabalhei com Randy de modo que ele e sua equipe fizessem todo o possível para oferecer ajuda durante o julgamento. Eles não podiam participar diretamente, mas estavam presentes e escreveram a maior parte dos resumos, das petições e de outros documentos necessários durante e após os procedimentos.

O julgamento correu extremamente bem. O advogado de John Kang era excelente e cuidou de quase todos os interrogatórios das testemunhas do governo, inclusive de Bobby e sua amante do departamento de contabilidade, Caroline. Quando o governo terminou de apresentar o caso, os advogados de defesa sentiram que praticamente todas as testemunhas do governo tinham sido transformadas em testemunhas favoráveis à defesa. Sendo assim, a defesa também encerrou sua apresentação. Dado o que acontecera naquele tribunal durante um mês e meio, ninguém podia sentir que o governo tivesse provado sua tese para além de uma dúvida razoável. Com os dois lados terminando a apresentação, o caso foi entregue ao júri.

Os jurados não deliberaram por muito tempo. Depois de apenas cinco ou seis horas, anunciaram que tinham chegado a um veredito unânime. Dado o que havia acontecido durante o julgamento, essa quantidade de deliberação pareceu razoável. Em 1º de março de 2010, o júri voltou à sala do tribunal e leu o veredito: culpados.

A defesa ficou atônita. O juiz baixou a cabeça entre as mãos. O que havia acontecido? Entrevistas pós-julgamento com os jurados mostraram que o caso estava praticamente encerrado depois dos argumentos iniciais. O governo tinha apresentado uma visão tão simplista e esmagadora do que havia acontecido de errado na empresa que a maioria dos jurados se decidiu naquele momento. Apenas ouvir o governo contar sua história bastou para a maioria dos jurados. Foi muito triste. Nosso sistema jurídico não tinha funcionado. A verdade não tinha sido descoberta e John Kang e John Sessions esperavam a sentença.

Havia apenas um pequeno fio de esperança. A defesa tinha apresentado uma petição de rejeição baseada na prescrição dos crimes, e o juiz ainda não havia respondido. Em 27 de maio de 2010, quase três meses depois do julgamento, o juiz Norton apresentou sua decisão e dispensou todo o caso contra John Kang e John Sessions. Nessa decisão, o juiz aproveitou a oportunidade para repreender repetidamente o governo pelo que havia acontecido. Dentre outras reclamações, ele questionou o motivo para o governo manter tantas pessoas sob indiciamento por cinco anos para depois retirar todas as acusações logo antes do julgamento. Ele observou que isso tinha ajudado a elevar o custo dos preparativos do julgamento para a defesa em mais de 190 milhões de dólares.

Fiquei satisfeito porque John Kang e John Sessions estavam livres sem nada em sua ficha. Também me senti encorajado porque pelo menos alguém tinha notado o absurdo do que havia acontecido. Mas a coisa não estava necessariamente terminada: o governo tinha o direito de recorrer contra a rejeição do juiz. Para o caso de isso acontecer, a defesa havia apresentado uma petição para fazer um novo julgamento. Esse pedido era baseado no argumento ousado de que o júri tinha se equivocado – o peso das provas apresentadas no julgamento não sustentava o veredito. Em 19 de janeiro de 2011, quase um ano depois do julgamento, toda a verdade e nada mais que a verdade finalmente veio à tona. Naquele dia, quando o juiz Norton assinou sua decisão sobre o pedido de um novo julgamento, Jefferson, Mason e Madison devem ter soltado um suspiro de alívio. Depois de 200 anos de interpretações do que eles tinham pretendido, o sistema havia funcionado. A verdade e a justiça teriam a última palavra.

Fazia mais de sete anos desde que Bobby Davids tinha entrado no gabinete do procurador dos Estados Unidos em Charleston e começado a contar suas mentiras. Aquela teia de ilusão ganhou ímpeto e enredou tudo em seu caminho. Mas não conseguiu passar pelo principal juiz federal da Carolina do Sul. O juiz Norton estivera presente durante todo o julgamento, ouvindo todas as provas. O júri podia estar disposto a aceitar a história do governo pelo que ela aparentava – sem exigir um ônus da prova razoável por parte dos promotores –, mas ele não estava. Para o caso de sua ordem ser negada, o juiz Norton não somente aprovou a petição dos réus pedindo um novo julgamento, como, numa opinião dada em 19 páginas, destruiu o caso apresentado pelo governo. Declarou que o governo não tinha provado haver uma conspiração entre os executivos. Pelo contrário, as provas sustentavam que os executivos da Medical Manager acreditavam que a contabilidade estava sendo feita do modo correto. E continuou, declarando que achou as principais testemunhas por parte do governo, Bobby e Caroline, indignas de crédito, e que Caroline parecia estar apenas repetindo as palavras de Bobby.

Li a decisão do juiz Norton com um sentimento de reverência e alívio. Agora havia terminado. No fim, a pessoa que mais importava tinha enxergado através dos ruídos de fundo e reconhecido a verdade. Eu não sabia que um juiz podia pôr de lado o veredito de um júri por acreditar que não era sustentado pelo peso das provas. O juiz Norton deixou claro que não somente tinha o direito de pôr de lado o veredito, mas que tinha a obrigação de fazer isso. Esse era um dos pontos altos da Constituição, criada para proteger os cidadãos do governo. Infelizmente, a Constituição é apenas um papel. É o juiz o único agente por meio do qual essa proteção pode acontecer. Aos meus olhos, os dois juízes desse caso são heróis. Eles mostraram por que a separação dos poderes cria freios e contrapesos importantes uns contra os outros. Esses juízes tinham jurado proteger a Constituição, e fizeram isso com altruísmo.[5]

---

[5] A quem interessar, o governo optou por não recorrer contra a recusa do juiz Norton. No fim, todos os executivos da Medical Manager saíram livres.

## 56

# De volta ao começo

Quando a poeira baixou, o turbilhão da vida tinha me largado exatamente onde me pegara. Depois de quarenta anos eu ainda morava pertinho da casa que construíra quando me mudei para a floresta com o objetivo de meditar. Ainda me reunia com pessoas todo dia de manhã e à noite para serviços no Templo – e também para as grandes reuniões nas manhãs de domingo, que tinham começado em 1972. Mas os quatro hectares originais do Templo agora eram cercados por 360 hectares de campos e lindas florestas dos quais a vida tinha nos tornado guardiões. Os alicerces da minha vida tinham permanecido completamente inabalados durante toda essa dança com o Fluxo Universal.

A provação jurídica se tornou rapidamente uma lembrança distante, quase um sonho. Havia chegado e partido, como todas as outras coisas. Eu podia ver com clareza que, como tinha me entregado interiormente a cada passo do caminho, não restava nenhuma cicatriz na minha psique. Tinha sido como escrever na água: as impressões só duravam enquanto os eventos aconteciam. Mas, no momento da experiência, cada curva e reviravolta havia penetrado dentro de mim e me obrigado a ultrapassar medos básicos e limites pessoais. Enquanto eu estivesse disposto a aceitar o poder purificador do fluxo da vida, continuaria saindo do outro lado transformado. Como eu poderia considerar isso uma experiência ruim, quando ela criava tanta beleza e liberdade dentro do meu ser? Pelo contrário, fico atônito com tudo que aconteceu desde que comecei esse maravilhoso experimento de aceitação e entrega.

Uma coisa é certa: aquele que partiu nessa jornada... nunca voltou. O fluxo da vida atuou como uma lixa que, em grande parte, me libertou de mim mesmo. Incapaz de me soltar do puxão incessante da minha psique, num ato de puro desespero, eu tinha me jogado nos braços da vida. A partir desse ponto, tudo que fiz foi o máximo para servir ao que era posto diante de mim e abrir mão do que aquilo provocava no meu interior. Alegria e dor, sucesso e fracasso, elogios e acusações – tudo isso havia arrancado algo que tinha raízes muito profundas em mim. Quanto mais eu soltava, mais livre me tornava. Não era minha responsabilidade descobrir o que me atava; isso era trabalho da vida. Minha responsabilidade era abrir mão voluntariamente de tudo que vinha à tona dentro de mim.

Depois de ver o que vi no decorrer dos anos, tudo que me restava era a entrega ao fluxo da vida. Não estando mais ocupado fazendo outros planos, eu me estabeleci na vida calma da solidão cada vez maior em que de novo me encontrei. Logo se tornou óbvio que a vida tinha me proporcionado o ambiente ideal para escrever este livro. No momento em que me sentei, a inspiração fluiu como um maremoto. Comecei a escrever o que sempre soube que teria que escrever: o que aconteceu quando abri mão.

Frequentemente me perguntam como vejo as coisas, agora que passei pelas experiências de mudança de vida nesses últimos quarenta anos. Digo para lerem *A alma indomável*. Como eu poderia explicar a grande liberdade que resulta de perceber, no fundo do seu ser, que a vida sabe o que está fazendo? Apenas a experiência direta pode levar você até lá. Em algum ponto não existe mais luta, apenas a paz profunda que vem de se entregar a uma perfeição que está além da sua compreensão. Com o tempo, até a mente para de resistir e o coração perde a tendência a se fechar.

A alegria, o entusiasmo e a liberdade são simplesmente lindos demais para você desistir deles. Assim que você está pronto para abrir mão de si mesmo, a vida se torna sua amiga, sua professora, sua amante secreta. Quando o caminho da vida se torna o seu caminho, todo o ruído cessa e o que resta é uma paz enorme.

Com gratidão eterna por todas as experiências que chamamos de Vida...

MICHAEL A. SINGER, março de 2015

# Agradecimentos

Na verdade, a vida é a autora deste livro. Foi ela que se manifestou no fluxo de acontecimentos poderosos e fascinantes que tinha que ser narrado. A vida precisava que eu levasse a pena ao papel para que sua grandeza fosse registrada nas minhas memórias. Com esse objetivo, ela mandou exatamente as pessoas certas no momento exato para que *A entrega incondicional* pudesse acontecer.

É com humildade e gratidão sincera que falo com você sobre o trabalho fenomenal que minha gerente de produtos, Karen Entner, fez neste livro. Seu serviço incansável e altruísta instilou esta obra com um sentimento de compromisso e perfeição raramente encontrado neste mundo.

Também gostaria de aproveitar esta oportunidade para agradecer ao meu editor, Gary Jansen, da Crown Publishing, por todo o trabalho duro e pelas sugestões fantásticas. Como seria de esperar, a vida forneceu o editor absolutamente perfeito para me ajudar neste testemunho à sua grandeza.

Este livro teve muitos leitores iniciais, e todos merecem agradecimentos. Gostaria de destacar James O'Dea, Ursula Harlos e Stephanie Davis, que colaboraram com sugestões detalhadas em vários manuscritos durante os primeiros estágios da escrita.

Agora preciso agradecer a você, leitor, por ter o interesse e separar um tempo para ler sobre essa experiência fenomenal. Que todos possamos aprender a apreciar nossa vida neste universo espantoso – um pouquinho mais a cada dia.

## CONHEÇA OS LIVROS DE MICHAEL A. SINGER

*A alma indomável*

*A entrega incondicional*

Para saber mais sobre os títulos e autores da Editora Sextante,
visite o nosso site e siga as nossas redes sociais.
Além de informações sobre os próximos lançamentos,
você terá acesso a conteúdos exclusivos
e poderá participar de promoções e sorteios.

**sextante.com.br**